Trois siècles de travaux

LES

CAPUCINS FRANÇAIS

par

LE P. HILAIRE DE BARENTON

O. M. C.

MAISON SAINT-ROCH, COUVIN (Belgique)
et chez l'auteur, 5, rue de la Santé, Paris

1903

LES CAPUCINS FRANÇAIS

LES

CAPUCINS FRANÇAIS

PAR

LE P. HILAIRE DE BARENTON

O. M. C.

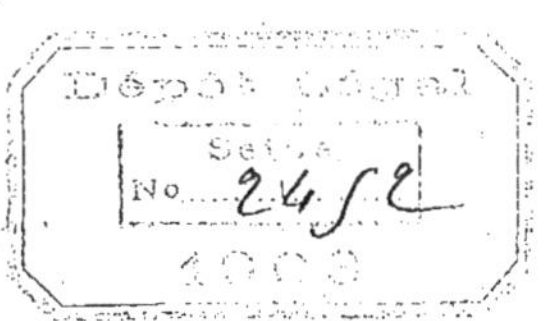

MAISON SAINT-ROCH, COUVIN (Belgique)

ou chez l'auteur, 5, rue de la Santé, Paris.

—

1903

Imprimatur :

Paris, le 2 juillet 1903.

Fr. ROBERT de Laval,
Vic. prov.

Avant-Propos

————

Autrefois il n'y avait qu'un mot pour désigner l'en-
nemi et l'étranger. Facilement, en effet, l'étranger, l'in-
connu, devient suspect, surtout aux temps de luttes et de
troubles, et partant il est l'ennemi.

Beaucoup dans notre France actuelle sont restés ou
devenus étrangers aux choses de la religion. Ils voient
passer au milieu d'eux les prêtres à la robe noire, les
moines, les religieux et religieuses aux costumes bizarres
et étranges pour un œil mondain. Ils les voient actifs,
empressés, ardents, infatigables dans leurs œuvres. Et
comme ils ignorent ces œuvres, comme ils ignorent
davantage l'esprit qui les inspire, comme ils vivent
à côté d'eux sans les connaître, sans les fréquenter,
ceux-ci deviennent promptement et facilement à leurs
yeux l'étranger, le suspect, l'ennemi, l'envahisseur.

Cet état d'esprit a été récemment traduit dans
une phrase du chef du Gouvernement à ses électeurs :
« Le cléricalisme est redoutable par les influences sociales
dont il dispose et par les Congrégations qui lui servent
d'instruments. » Ne vaudrait-il pas mieux retourner
cette proposition et dire : « Le clergé peut devenir un

*

utile auxiliaire à cause des influences sociales dont il dispose, et que lui conquiert sa puissante doctrine morale, et à cause des Congrégations qui lui servent d'instrument et qui sont l'épanouissement pratique de cette même doctrine. »

L'hostilité, la défiance entre deux étrangers cessent vite et se changent en solide amitié, quand ceux-ci, en se faisant connaître l'un à l'autre, ont constaté qu'ils pouvaient se rendre de mutuels services, établir un mutuel commerce de bons offices. Pourquoi n'en serait-il pas ainsi entre les Pouvoirs publics et les Congrégations? Les Congrégations offrent leur dévouement, leur esprit de charité, leur science. Elles l'offrent sous une forme spéciale, je le veux bien, sous la forme religieuse; mais si cette forme s'est montrée, jusqu'à ce jour, efficace, fertile en résultats, si elle multiplie le rendement des services demandés, ce que tout le monde accorde et reconnaît, n'est-elle pas un motif de plus pour les agréer? et même, en bonne justice, ne devrait-elle pas leur mériter les préférences d'un Pouvoir vraiment soucieux du bien commun?

D'un autre côté, la société actuelle, autant qu'aucune autre, renferme des malheureux, des pauvres, des ignorants et aussi des âmes convaincues, éprises de la foi et de l'idéal religieux. A ceux-là tout gouvernement a nécessairement à cœur d'accorder les secours et la satisfaction qu'ils réclament? Pourquoi dès lors rejetterait-il ces auxiliaires qui se présentent spontanément?

Il reste l'objection d'une prétendue hostilité des Congrégations vis-à-vis de la forme actuelle du Gouvernement. — Les Congrégations, en général, ne font point de politique; elles sont assez indifférentes aux diverses

*formes de gouvernement; elles ont vécu à travers tous.
les siècles et sous tous les climats; elles ont donc expé-
rimenté et expérimentent encore toutes les formes pos-
sibles et impossibles de gouvernements. Nulle part elles
n'ont fomenté de révolutions. L'histoire peut en témoigner.*

*Pour ce qui concerne en particulier les Capucins, ils
ont toujours vécu en bonne harmonie avec tous les régi-
mes. Comme tout citoyen, ils affectionnent davantage le
gouvernement qui leur assure le plus fidèlement la protection de leurs droits et libertés; et, au point de vue
politique, ni le gouvernement actuel, ni aucun des gouvernements, qui se sont succédé, ne se sont jamais plaints
et n'ont pu se plaindre d'aucun acte d'opposition ou
d'hostilité de la part des Capucins.*

*Du reste, nous allons, dans les pages qui suivent,
montrer, par les faits, comment ces religieux se sont
toujours montrés respectueux de tous les gouvernements
et ont su, par leur soumission et leurs services, en mériter
les faveurs. Ensuite, nous donnerons un aperçu de
leurs œuvres. Ainsi nous aurons contribué à les faire connaître; et tous ceux qui ont mission de promouvoir le
bien social pourront se convaincre que les Capucins ne
sont point pour eux des ennemis, mais des auxiliaires.*

*Puissions-nous par là dissiper les préjugés et aider à
ramener le parfait et bon accord entre le pouvoir civil
et la puissance religieuse. Leur union rend les peuples
forts;-elle rendit autrefois la France prospère et heureuse. Pourquoi n'en serait-il pas ainsi de nouveau?*

*Nous ne croyons pas utile d'exposer, en commençant,
ce que sont les Capucins comme Ordre religieux. Tous*

savent qu'ils forment une des branches, la plus jeune, du grand Ordre franciscain, fondé au XIIIe *siècle par saint François d'Assise. Depuis bientôt quatre cents ans, en effet, cet Ordre s'est divisé en trois grandes familles :* les Frères-Mineurs sans addition, les Frères-Mineurs Conventuels *et les* Frères-Mineurs Capucins. *En France, il n'y a pas de Frères-Mineurs Conventuels, mais les deux autres branches y ont été et y sont encore très prospères.*

Cette prospérité tient à leurs œuvres que nous allons faire connaître, mais elle s'explique aussi par l'immense popularité dont n'a cessé de jouir et dont bénéficie encore aujourd'hui plus que jamais leur fondateur, François d'Assise.

En ce Saint tous les siècles ont vu la personnification idéalisée du peuple bon, généreux, franc, désintéressé, laborieux, exempt d'ambition, vivant de son travail quotidien, plus heureux dans sa pauvreté que les rois au milieu de leurs trésors.

Tous les poètes et les savants l'ont chanté, depuis Dante qui se fit son disciple, jusqu'à Gebhart et cette pléiade de protestants modernes qui lui ont consacré leur talent et leur immense érudition.

Nous ne résistons pas au plaisir de citer la page suivante de Gebhart. On y verra comment les âmes non croyantes elles-mêmes, placées en face de saint François et de son Ordre, ne trouvent pour exprimer leurs sentiments que paroles d'amour et de sympathie.

« Au premier appel de saint François, écrit-il, des milliers d'âmes s'épanouirent. L'Italie n'avait jamais écouté un apôtre plus consolant. Il ne prêchait point l'ascétisme désespérant des moines et des ermites; il ne bouleversait point la foi, comme les missionnaires ca-

thares ou vaudois; il ne menaçait point les hommes
d'une crise dans les consciences et d'une interprétation
nouvelle de l'Évangile, comme avait fait Joachim; il
ne soulevait point une croisade contre la vieille Église,
comme avait tenté de le faire Arnauld de Brescia. On
vit en lui, dès les premiers actes de sa vocation, un méri-
dional, un italien, un poète, ami du mouvement et de
la lumière, ignorant de la tristesse, que jamais une
pensée amère n'avait inquiété.

« Il faut se l'imaginer tel que ses premiers disciples
l'ont dépeint, avec sa figure fine et souriante, ses lèvres
vermeilles, ses yeux noirs et étincelants, sa taille délicate,
sa démarche leste, et non point avec le visage émacié et
la mine lugubre qu'ont inventé sans doute les artistes
espagnols.

« Il est bien le fils d'un siècle d'action. Il croit que tout
est bon ici-bas, la société et la nature. Il recherche le
commerce de ses semblables; il a pour tout ce qui vit,
même pour les bêtes les plus humbles, un élan de ten-
dresse et une parole de bénédiction. Il est à son aise dans
la main paternelle de Dieu. Son cœur est trop pur pour
s'effrayer des pièges de Satan, sa foi trop enfantine
pour se décourager jamais. Tout jeune il avait espéré
faire de grandes choses et saluait d'avance son propre
avenir (1). »

Et plus loin : « Les traits distinctifs de la religion
franciscaine, la liberté d'esprit, l'amour, la pitié, la
sérénité joyeuse, la familiarité formeront, pendant longtemps, l'originalité du christianisme italien... Rien de
ce qui partout ailleurs a assombri ou rétréci les consciences, ni la métaphysique subtile, ni la théologie raf-
finée, ni les inquiétudes de la casuistique, ni l'excès de

1. E. Gebhart, *L'Italie mystique*, p. 84-85.

la discipline et de la pénitence, ni l'extrême scrupule de la dévotion ne pèsera désormais sur les Italiens (1). »

Arvède Barine a trouvé pour célébrer l'œuvre du petit Pauvre d'Assise des paroles non moins admiratives : « Il avait appelé ses moines des « mineurs », d'un mot par lequel on désignait en Italie les petites gens. C'était leur dire clairement qu'ils étaient la chose du peuple, son âme, sa voix. Ils le comprirent ainsi et quand le maître, environ trois ans après son retour de Rome, leur dit en ceignant ses reins : « Allons, allons, « au nom du Seigneur », ils allèrent sans hésiter vers ceux dont ils avaient pris le nom, et le peuple sentit à l'instant que ces hommes gris étaient pour lui. Leurs instructions étaient de ne jamais juger ni blâmer, d'être abîmés dans le respect devant tous les membres du clergé « riches ou pauvres, bons ou mauvais, jusqu'à « baiser les pieds de leurs chevaux » ; de ne pas avoir une seule parole contre les classes riches ni contre le luxe, de prêcher partout la concorde et l'amour de Dieu et du prochain (2). »

Toutes les classes se sont réclamées de saint François d'Assise : les rois, les princes et les hommes politiques aimèrent à se dire de sa famille, en s'y agrégeant par le Tiers-Ordre ; les classes populaires, la bourgeoisie, voire même la noblesse, se firent une joie et une gloire de lui donner leurs fils et leurs filles pour en faire ses disciples.

Les musées de nos grandes villes, le Louvre en particulier, n'offrent à leurs visiteurs aucune figure plus souvent reproduite que celle de ce Poverello d'Assise, habillé de bure, les pieds nus, la tête nue également ou

1. E. Gebhart, *L'Italie mystique*, p. 136.
2. *Saint François d'Assise*, p. 73-74.

enfoncée dans son large capuchon, mais rayonnant d'amour pour les choses de la terre comme pour les choses célestes, entouré d'oiseaux et d'anges, d'agneaux et de chérubins, de la sympathie du peuple et du respect des grands.

Nul peuple n'a fermé ses frontières à la parole de ses enfants, partout messagers de la paix, porteurs de la bonne nouvelle. Dès le XIIIᵉ siècle, ils pénétrèrent au milieu des Turcs et des Tartares de la Chine et ils en furent bien reçus. Les premiers, ils accompagnèrent Christophe Colomb au Nouveau-Monde ; et depuis lors ils n'ont point quitté ces contrées de l'Occident. Les protestants, après la Réforme, ne les ont point chassés de leurs terres ou bien les ont laissés rentrer sans retard ; aujourd'hui, raconte-t-on, en Angleterre, on peut voir des congrégations, non seulement catholiques mais encore protestantes, vivant de la Règle franciscaine. Pendant toute l'époque révolutionnaire, ils sont restés dans la douce France, cachés comme l'oiseau pendant l'orage ; le calme rétabli, ils ont reparu les premiers, protégés par la faveur populaire.

En cette année 1903, ils ont demandé au Parlement de sanctionner le fait de leur existence sur la terre de la liberté. Leur demande a été éconduite, et l'on voit se produire ce fait étrange, incroyable, à savoir, que le pays de France, qu'on sait être le plus hospitalier du monde, est aujourd'hui le seul à leur fermer ses portes, à les rejeter de son sein !

Dans ce petit livre nous ne venons point prendre leur défense ; on n'a rien pu leur reprocher ? Mais il peut exister contre eux, dans certaines âmes, des préjugés amassés par l'ignorance et le mensonge. Pour les dissiper, il nous suffira de faire connaître leurs œuvres.

Nous dirons simplement ce qu'ils ont été dans le passé pour la France, ce qu'ils sont aujourd'hui, ce qu'ils veulent être demain : leur attitude vis-à-vis du Pouvoir civil, — leur zèle, au sein de notre patrie, pour le bien des âmes et le soulagement de toutes les misères, — leur action à l'étranger, — leurs travaux scientifiques.

LES
CAPUCINS EN FRANCE

CHAPITRE PREMIER

Établissement des Capucins en France
Rapports avec les divers Gouvernements

Sous l'ancien régime.

Les Capucins ont été établis en France entre les
années 1568 et 1574 :

1º Par l'initiative d'un religieux cordelier *français*, Pierre Deschamps ;

2º Par le concours d'un prélat *français*, Aymeric
de Rochechouart, évêque de Sisteron, surnommé
le plus grand aumônier du royaume ;

3º Grâce à l'intervention d'un cardinal *français*,
Charles de Lorraine, archevêque de Reims ;

4º Grâce à la protection de la reine de *France*,
Catherine de Médicis, et des rois Charles IX et
Henri III ;

5º Ils ont enfin mérité la confiance et les plus

grands éloges des autres rois Henri IV, Louis XIII, Louis XIV, Louis XV et Louis XVI.

Nous allons exposer brièvement ces faits :

En 1568 un religieux Cordelier français, Pierre Deschamps, est épris du désir de mener la vie franciscaine dans sa plus grande perfection. Après diverses recherches, il trouve en Italie une réforme franciscaine, les Capucins, répondant pleinement à son idéal. Il en demande et obtient l'habit, et revient en France établir un couvent de cet Ordre, à Picpus, dans la maison d'un de ses amis, appelé Villecourt, marchand à Paris. C'est à cet honnête et généreux marchand parisien que les Capucins doivent d'avoir pu subsister pendant les quatre premières années de leur séjour en France.

En 1572, ce premier bienfaiteur étant venu à mourir, l'évêque de Sisteron, Aymeric de Rochechouart, prit à tâche de le remplacer, il fit l'acquisition de cette petite maison, l'arrangea à ses frais et en fit un couvent régulier.

La reine, Catherine de Médicis, ne tarda pas à être informée de cette fondation; elle avait connu les Capucins en Italie, elle les estimait fort, elle s'intéressa aussitôt à leur établissement.

Pour rendre cet établissement stable et définitif, divers obstacles devaient être surmontés. Rome, en effet, n'avait encore autorisé l'Ordre des Capucins que pour l'Italie, il leur était donc interdit de s'étendre au delà des Monts sans l'agrément des Souverains Pontifes. Le curé de Saint-Paul (paroisse de laquelle dépendait Picpus), l'Archevêque de Paris, les autres Ordres mendiants crurent dès lors qu'il fallait s'opposer à la fondation de cette nouvelle maison et attendre les décisions de Rome.

La reine et l'évêque de Sisteron s'employèrent eux-mêmes à vaincre ces difficultés. Ils obtinrent de Charles IX deux lettres patentes, datées du 16 avril et du 2 août 1572, qui donnèrent une existence légale au nouvel établissement. Les oppositions cessèrent bientôt, et, peu après, l'archevêque de Paris, Mgr de Gondi, devint le protecteur et l'ami des Capucins.

Il restait à faire rapporter la défense de Rome interdisant aux Capucins de s'établir au delà des Monts. Ce fut l'œuvre du cardinal Charles de Lorraine, archevêque de Reims, agissant avec et d'après les instructions du roi auprès du Pape. Il usa de son crédit en cour de Rome, montra les lettres patentes de Charles IX., et non seulement il obtint ce qu'il sollicitait, mais il fut établi protecteur de l'Ordre en France. Bientôt une bulle solennelle de Grégoire XIII, datée de mai 1574, accordait aux Capucins la permission de s'établir par le monde entier.

L'extension des Capucins en France et dans les pays au delà des Monts a donc été l'œuvre d'un cardinal français agissant de concert avec le Gouvernement français. Après ces négociations à Rome, le cardinal de Lorraine revint en France et procura plusieurs établissements avantageux aux Capucins. Il fonda un couvent dans son propre parc à Meudon, et décida la reine Catherine à en fonder un autre dans ses jardins des Tuileries.

Ce dernier couvent, connu sous le nom de couvent de Saint-Honoré, fut l'objet de la faveur des rois. Henri III, à son retour de Pologne, confirma la donation de sa mère par lettres patentes du 25 septembre 1574. Les Capucins « s'y établirent, disent les annales, avec toute la joie possible de la pieuse reine et de toute sa Cour, qui faisait souvent ses prières et y entendait la messe très fréquemment, aussi bien que le roi Henri III, Henri IV, Louis XIII, Louis XIV dans sa jeunesse. Il y a même une allée d'arbres qui a été nommée l'allée du roi, et la chambre où l'on reçoit les prélats et les gens de distinction s'appelle la chambre du roi.

En 1576, par lettres patentes datées de juillet et confirmées en cour du Parlement de Paris, le 6 septembre 1576, le roi Henri III donna plein pouvoir aux Capucins de s'établir par tout le royaume.

Les rois suivants renouvelèrent ces lettres patentes et prodiguèrent leur confiance, les faveurs et les éloges aux Capucins.

Comme exemple de la confiance de l'ancien Gouvernement envers les Capucins, on peut citer le célèbre P. Joseph du Tremblay. C'est ce Capucin qui désigna à la reine l'évêque de Luçon, Richelieu, comme le plus capable de diriger les affaires de l'État; et c'est ce même Capucin, appelé l'Éminence grise, qui resta le bras droit du cardinal, pendant tout son long et glorieux ministère. Ce P. Joseph était non seulement un grand diplomate, mais encore un grand patriote. A l'intérieur, il contribua plus que personne à refaire l'unité morale de la France, brisée par les guerres religieuses, il contribua à expulser définitivement les Anglais, en soutenant le courage de Richelieu au siège de La Rochelle, au moment où, découragé, le célèbre ministre voulait se retirer; enfin au dehors il a été le vrai fondateur et organisateur des Missions françaises.

Parmi les éloges décernés par les rois aux Capucins, nous ne voulons en citer qu'un seul. Nous l'extrayons d'une lettre patente du roi Louis XIV. Ce prince avait promulgué, en 1666, une ordonnance obligeant toutes les maisons religieuses, établies dans son royaume depuis les trente dernières années, à présenter, sous peine de dissolution, leurs lettres patentes de fondation. Les Capucins n'en possédaient point, car ils avaient fondé leurs divers couvents en vertu de l'autorisation générale qui leur avait été accordée pour tout le royaume.

Beaucoup de leurs maisons se trouvaient donc menacées dans leur existence. Les Capucins se défendirent en faisant valoir leurs droits.

Le Parlement, appelé à statuer sur cette cause, donna raison aux religieux, et fit, à cette occasion, leur plus bel éloge. Voici un extrait de son arrêt :

Extrait des registres du Conseil d'État

Sur ce qui a été représenté au Roy étant en son Conseil, que le *défunt Roy Charles IX ayant été informé de la piété, sainteté et vie exemplaire des religieux Capucins*, faisant profession de l'étroite observance de la règle des Frères-Mineurs de Saint-François, approuvée de toute l'Église aux Conciles généraux, et confirmée par plusieurs souverains, et que la réputation et estime des dits Pères Capucins s'étendait par tous les royaumes chrétiens, particulièrement en Italie, où ils rendaient beaucoup de services à l'Église et au public par leur vie exemplaire, prédications et autres saints exercices, *Sa Majesté, portée d'un zèle extraordinaire pour le bien de ses peuples, prit résolution de les faire venir en France pour les y établir*, excitée par une sainte émulation, et donna les ordres nécessaires pour l'exécution d'un si pieux dessein. Et pour donner des marques plus augustes et publiques d'une volonté constante et d'une inclination également royale et chrétienne en faveur des dits Pères Capucins qui sont les véritables enfants de la Providence divine, qui seule les fait subsister, *Sa dite Majesté ordonna que leur premier établissement se fît dans la ville de Paris, et dans un lieu proche de son Louvre, afin que la France, par la circonstance du lieu et situation du premier établissement des dits Pères Capucins dans le Royaume, eût en plus grande vénération la mémoire du Prince auquel le public en était redevable.* Ce qui fut heureusement exécuté par le choix que le dit Seigneur

L'arrêt du Parlement rappelle l'introduction des Capucins par la volonté de Charles IX,

Roy Charles IX fit d'une place dans la rue Saint-Honoré, près son Palais des Tuileries, et joignant ses jardins; dont le pape Grégoire XIII étant averti, en témoigna sa joie, envoyant des Capucins en France pour faire le dit établissement, louant et estimant par son Bref le zèle et la piété du Roy, qu'il avait pour l'accroissement de la gloire de Dieu : *zèle qui passa en la personne du Roy Henri III, même à celle de la Reine Catherine de Médicis, sa mère, et des Princes de son sang, comme il paraît et résulte des Lettres patentes du dit Seigneur Roy Henri III, du mois de juillet 1575, lesquelles marquent précisément que l'augmentation des dits Pères Capucins et de leurs maisons en France, a été faite suivant le vœu commun de la famille royale. Et successivement tous les rois et prédécesseurs de Sa Majesté, heureusement régnante à présent, ont approuvé et imité le même zèle et notamment Sa dite Majesté en accordant une permission générale aux dits Pères Capucins de s'établir dans tous les lieux de son royaume,* terres et pays de son obéissance, par ses lettres patentes du mois de décembre 1662, vérifiées au Parlement de Paris et, en 1664, aux autres Parlements et partout ailleurs où besoin a été, en vertu desquelles il a été jugé par plusieurs arrêts des Cours souveraines et du Conseil de Sa Majesté des 7 juillet 1662, 12 mai 1663, 12 mai 1665 et 5 avril 1667, que les dits Pères Capucins jouiraient des dites lettres patentes dans toute leur étendue, avec défense de les y troubler.

Mais d'autant que, par la Déclaration et Édit de Sa Majesté du mois de décembre 1666, toutes lettres patentes, portant des permissions générales aux religieux et religieuses de s'établir en France, ont été révoquées, et qu'elle veut et ordonne en outre que toutes les communautés indistinctement établies dans le Royaume depuis trente ans soient tenues de représenter les lettres patentes, en vertu desquelles elles ont été établies, aux juges des lieux, en présence des substituts de ses procureurs généraux, desquelles Sa Majesté veut qu'ils en dressent des procès-verbaux, avec un état des monastères et communautés qui auront été établies sans en avoir obtenu les dites lettres patentes et arrêts d'enregistrement, ensemble du nombre des religieux et religieuses profès ou novices, de leurs qualités, maisons, domaines et revenus, pour les dits procès-verbaux vus, être pourvus par confirmation de leur établissement, suppression, ou par translation des dits religieux ou religieuses en d'autres monastères des dits Ordres, ainsi que Sa dite Majesté le jugera plus convenable pour le bien de l'Église et de son Royaume, ordonnant de plus que les dits procès-verbaux seront mis dans trois mois au plus tard du jour de la publication du dit Édit, ès mains de Monseigneur le Chancelier, etc.

Au moyen de quoi l'exécution des arrêts des Cours souveraines et du Conseil ci-dessus énoncés pour les dits Pères Capucins, portant que les dites lettres patentes seront exécutées selon leur forme et teneur, pourrait être traversée contre l'intention de Sa Majesté, du roi Charles IX, auteur de l'établissement des dits Pères Capucins en France, et celle des rois Henri III, Henri IV et du défunt roi Louis XIII, de triomphante mémoire, père de Sa dite Majesté; laquelle ne voudrait pas faire d'actes contraires à une vertu si recommandable aux têtes couronnées et qui d'ailleurs est le propre ouvrage de Sa Majesté; *et ce d'autant plus qu'il n'y a jamais eu de plainte touchant les établissements des dits Pères Capucins en France et dont il ne s'en est fait aucun qu'à l'instante prière et poursuite des habitants des lieux où ils sont établis et du consentement de Messeigneurs les Évêques diocésains. Et ainsi, il n'y a pas lieu, à leur égard, de faire exécuter la dite Déclaration du mois de décembre 1666, non plus que l'arrêt du Parlement de Paris du 4 avril 1667.*

Et s'il est permis en matière de piété d'interpréter les sentiments des princes souverains, accordant des grâces qui ne sont jamais imparfaites lorsqu'elles ne tendent qu'à l'accroissement de la gloire de Dieu, *l'on peut dire que Sa Majesté n'a entendu comprendre dans la susdite Déclaration les dits Pères Capucins,* qui n'ont point d'immeubles, rentes ni revenus quelconques, et si le règlement général porté par la dite Déclaration n'était pas capable et susceptible d'exception en faveur des Pères Capucins, qui se trouvent fondés en lettres patentes dûment vérifiées, lesquels vivant dans la simplicité, selon l'esprit de leur Profession, n'ont pas cru être obligés de demander des permissions particulières pour les lieux de leurs établissements, et qui ont été tous faits en exécution des dites lettres patentes générales vérifiées qui contiennent la dite permission, il s'ensuivrait que la dite Déclaration serait plus préjudiciable qu'utile au public, quelque bon motif qu'elle puisse avoir.

Considéré les services qu'ils ont rendu et rendent tous les jours à l'Église et à l'État par leurs prières, divins offices nuit et jour, messes, prédications, missions, instructions, visites de malades, administration des sacrements, tant dans les armées de Sa Majesté que partout ailleurs, même aux pestiférés, où ils se sont exposés plusieurs fois par un courage admirable, quoique l'Ordre des dits Capucins n'y soit nullement obligé, dans toutes les provinces du royaume où ce mal contagieux régnait, où plusieurs de leurs reli-

Il semble révoquer l'autorisation générale accordée aux Capucins.

Cet arrêt ne les atteint pas.

En voici les raisons :

1. Les grâces des rois, intéressant la gloire de Dieu, ne sont point imparfaites ;

2. Les services rendus par les Capucins sont considérables.

gieux sont décédés, et jusqu'au nombre de deux cent cinquante-huit dans ce saint exercice de charité, et qui sont toujours très disposés à rendre ces mêmes services, et qu'ils exercent même actuellement dans toutes les villes qui en sont affligées, comme Soissons, Rouen, Reims, Amiens, Compiègne et autres endroits, où plusieurs des dits Capucins, ont acquis, en y finissant leurs vies, le glorieux martyre de la charité.

Enfin les dits Pères Capucins ont cela de particulier et de favorable qu'ils ont la preuve de leur exception, du moins tacite, par les arrêts des Cours souveraines et du Conseil du Roy ci-dessus énoncés, qui, entre autres choses, ordonnent l'exécution des dites lettres patentes de l'établissement des dits Pères Capucins du mois de décembre 1662, dûment vérifiées, et qui sont les illustres caractères de la piété des Rois prédécesseurs de Sa Majesté et de la sienne propre, lesquels servent de protection aux dits Pères Capucins, qui n'ont que cette souveraine puissance, *sous l'autorité de laquelle ils ont toujours agi et travaillé dans leurs emplois des missions et saints exercices de leur Profession pour le service et utilité spirituelle des sujets du Roy, et continuent encore parmi les hérétiques et infidèles, où ils sont maintenus par Sa dite Majesté.*

Lequel arrêt du Conseil du 5 avril 1667, étant postérieur à la dite Déclaration du mois de décembre 1666, qui n'est pas si universelle et indéfinie, que Sa Majesté ne se soit réservée d'excepter qui bon lui semblera; et s'il peut y avoir des maisons exceptées, ce sont sans doute celles des dits Pères Capucins *qui n'ont jamais abusé des grâces à eux accordées par Sa Majesté*, sans que cette exception puisse être tirée à conséquence, parce qu'elle a sa cause et motif particulier. Et d'ailleurs il est constant que les exceptions fortifient les règlements, quelque généraux qu'ils puissent être.

Le Roy étant en son Conseil, interprétant la Déclaration du dit mois de décembre 1666, a déclaré et déclare n'avoir entendu et n'entendre y comprendre les dits Pères Capucins établis en France et dans tous les pays et terres de son obéissance, ni qu'ils soient obligés d'apporter d'autres titres ou lettres patentes pour lesdits établissements faits, que celles qui ont été vérifiées au Parlement de Paris, en 1662, et aux autres Parlements, l'année 1664. Voulant Sa Majesté que les dites lettres patentes soient exécutées selon leur forme et teneur et qu'ils reçoivent des novices et leur fassent faire profession, suivant leurs saintes et louables coutumes, nonobstant tous arrêts à ce contraires; faisant Sa dite Majesté défenses à toutes personnes de quelques qualités qu'elles puissent être, d'y troubler les dits Pères Capucins; ordonnant néanmoins qu'aux lieux où ils seront appelés ci-après pour y faire des établissements, les formalités portées par sa Déclaration du mois de décembre 1666 y soient observées; voulant que foi soit ajoutée aux copies collationnées du présent arrêt, signées par l'un des secrétaires de ses finances, comme à son original.

Fait au Conseil d'État du Roy, tenu à Saint-Germain-en-Laye, le vingt-troisième jour de septembre mil six cent soixante-huit.

Signé : DE LIONNE.

Les Capucins continuèrent, jusqu'à la Révolution, à se montrer les fidèles serviteurs de la France, et à marcher d'accord avec la puissance civile. Une des preuves les plus évidentes est la conduite de la Commission des Réguliers à leur égard. Cette Commission, établie pour réformer les religieux, ne trouva rien à reprocher aux Capucins; de leurs quatre cent vingt-trois couvents, c'est à peine si elle jugea à propos d'en supprimer quelques-uns dans les campagnes ; et encore cette suppression suscita les plus instantes protestations de la part des populations et des autorités locales.

A la Révolution les maisons des Capucins furent encore les dernières supprimées, et on en trouve qui purent se maintenir jusqu'au milieu de la Terreur. Le respect et la reconnaissance des populations avait été leur sauvegarde. Aussi purent-ils se reconstituer très vite, dès les premières années du xixe siècle, comme nous allons le dire.

CHAPITRE II

Le Rétablissement des Capucins en France
Leurs rapports avec les divers Gouvernements

Après la Révolution de 1789.

Après la Révolution, les Capucins ont été rétablis en France en 1820-1821 :

1° Par l'initiative de Mgr de la Tourette, évêque de Valence ;

2° Par le concours de l'ambassadeur de France à Constantinople, M. de Latour-Maubourg ;

3° Avec l'agrément du Gouvernement et le bénéfice de la *tolérance légale.*

Le Ministère de l'Intérieur possède la correspondance échangée à ce sujet entre le Gouvernement et l'évêché de Valence. Voici le résumé de cette affaire :

Avant la Révolution les Capucins possédaient dans tout l'Orient de magnifiques missions, très profitables à l'influence française. Les lois de 1790 contre les religieux tarirent la source de leur recrutement. En 1820, les derniers survivants étaient sur le point de disparaître, et ces belles missions allaient passer aux mains des Espagnols et des Italiens.

Notre ambassadeur, M. de Latour-Maubourg, s'employa tout entier afin de prévenir ce malheur.

Vers 1820 on le trouve à Marseille, où il essaie de fonder une maison de Récollets (1) pour le service de la custodie et des missions de Terre-Sainte. Sa tentative n'eut pas de succès.

En ce même temps, Mgr de la Tourette, évêque de Valence, avait formé l'entreprise de rétablir l'Ordre des Capucins, à Crest, petite ville de son diocèse, et il faisait dans ce but les premières démarches.

M. de Latour-Maubourg, pendant qu'il était encore à Marseille, fut informé des desseins de l'évêque de Valence. Il lui écrivit immédiatement pour « lui exprimer sa joie de voir les Capucins se rétablir dans son diocèse. *Il espère que cet établissement va permettre aux Capucins français de reprendre leur ancienne Mission de Constantinople, desservie depuis plusieurs années par des Italiens.* »

Mgr de la Tourette entra aussitôt dans les vues de M. l'Ambassadeur, et il envoya M. Fière, son vicaire général, auprès du Ministre de l'Intérieur, à Paris, traiter l'affaire du rétablissement des Capucins.

M. de Latour-Maubourg agit de son côté auprès du Ministre des Affaires Étrangères, qui était alors M. Pasquier.

Le résultat de ces négociations fut qu'on accorderait

1. Branche des Franciscains, la plus importante en France après celle des Capucins. Elle est aujourd'hui réunie aux Observants sous le nom commun de Frères-Mineurs.

à l'établissement de Crest et aux Capucins, *la tolérance officielle et légale* (1820-1821).

Nous allons donner quelques preuves manifestes et indiquer quelques effets de cette tolérance officielle et légale. Elle équivalait, dans la pratique, à la reconnaissance authentique qu'on ne jugea pas à propos ni utile de poursuivre.

1° Le 19 avril 1821, M. de Villèle, ministre de l'Intérieur, prit acte de la fondation de Crest par la lettre suivante écrite à l'évêque de Valence :

« Un de vos vicaires généraux m'a appris que quelques anciens religieux de Saint-François veulent reprendre les travaux des Missions du Levant. M. de Latour-Maubourg, notre Ambassadeur, doit vous parler de ces objets en passant à Valence et vous demander un ou deux de ces religieux qui seraient disposés à se rendre immédiatement à Constantinople. M. Fière a ajouté qu'il entrerait dans vos vues d'établir à Crest, une maison où l'on formerait des élèves pour perpétuer cette œuvre utile à la religion et à la France. Je vous prie, Monseigneur, de me faire part de votre avis et des dispositions qu'il convient d'apporter à cette entreprise. »

Le Gouvernement approuva le rétablissement des Capucins pour les missions sous le nom de *Franciscains Missionnaires du Levant*, et, comme nous l'avons dit, il leur accorda la *Tolérance légale*, plus opportune à ses yeux que la Reconnaissance législative.

2° En 1822, l'évêque de Valence fit de nouvelles démarches en faveur des Capucins auprès de M. de Corbière, ministre de l'Intérieur. *Les questions de la*

*forme de l'habit et de la soumission à un supérieur
étranger furent examinées et résolues* dans un sens
favorable aux Capucins. Dans une lettre du 3o mars
1822, le Ministre écrit au préfet de la Drôme pour lui
défendre d'inquiéter les Capucins et pour lui ordonner
de les favoriser. « Il le charge d'examiner, d'accord avec
l'évêque de Valence, ce qu'il y aurait à faire pour cela. »

3° Le Gouvernement prépara lui-même pour les
Capucins un projet de *Reconnaissance légale*. Par des
lettres du 5 juin 1823, M. de Corbière ordonna au préfet
de la Drôme et à l'évêque de Valence de rédiger les
statuts préparatoires. Ces statuts furent rédigés, acceptés et signés par les religieux, le 18 juin suivant.

Voici les articles de ces statuts :

ARTICLE PREMIER. — Le but du Séminaire de Saint-
François d'Assise établi à Crest est de fournir des prêtres
missionnaires pour les Missions françaises du Levant,
déjà confiées aux prêtres de Saint-François.

ART. II. — Le Séminaire est gouverné par un supérieur nommé tous les trois ans à la majorité des voix
des directeurs du Séminaire.

ART. III. — On y reçoit des Frères pour les travaux
domestiques, assimilés pour l'entretien et la nourriture
aux religieux prêtres, mais ils n'ont pas de part au
gouvernement de la maison.

ART. IV. — Le temps de probation est d'un an.

ART. V. — Chaque prêtre et frère conserve la pro-
priété des fonds qui lui appartiennent et de ceux qui
peuvent lui survenir par succession. Il peut en disposer
en faveur de qui il lui plaît, en se conformant aux lois ;
mais quant à l'usufruit dont il jouit, il le remet à la
Communauté.

ART. VI. — On renverrait tout sujet qui procurerait

par son exemple l'inobservance des règlements, qui mènerait une vie dissipée, qui scandaliserait ses frères et ne voudrait pas changer de conduite.

Art. VII. — Tous les membres du Séminaire sont soumis pour tout ce qui concerne le spirituel à Mgr l'évêque de Valence et pour tout ce qui regarde le civil à M. le préfet de la Drôme.

4° Il paraîtrait même qu'il existe au Ministère de l'Intérieur une *Ordonnance royale* accordant l'autorisation aux Capucins.

5° Entre les années 1821 et 1834, plusieurs Capucins français furent envoyés à Constantinople, et la mission, pour un temps, redevint française.

6° Les Capucins reçurent du Gouvernement la direction de l'hospice du Mont-Genèvre.

7° En 1821 ou 1822, le Gouvernement accorda un premier subside de 1.500 francs à la maison de Crest, appelée séminaire des Missions du Levant.

8° A cette même époque le Gouvernement accorda la même tolérance légale aux Capucins établis spécialement à Marseille, à Géménos et à Aix.

La Liberté du costume religieux reconnue par le Gouvernement et par les tribunaux

Le costume religieux spécial aux Capucins, nous l'avons dit, fut autorisé par une lettre de M. de Corbière, ministre de l'Intérieur, au préfet de la Drôme, écrite le 30 mars 1822.

Plus tard, cette question fut soulevée de nouveau et portée devant les tribunaux (1829-1830).

Le tribunal de Marseille rendit un jugement en faveur des Capucins, le 19 juin 1830.

Peu de temps après, la cour d'Aix confirma la sentence par un arrêt fortement motivé.

Le réquisitoire, prononcé à cette occasion par le procureur général, est resté célèbre. Il a été invoqué depuis par divers Ordres religieux, il fait jurisprudence.

Voici ce réquisitoire, ou du moins les considérations qui motivèrent la sentence des juges :

Attendu que le fait d'avoir porté un costume religieux ne peut constituer un délit sous l'empire de la Charte qui laisse la plus grande liberté relativement à l'exercice de la religion ;

Attendu que l'autorité elle-même a rendu hommage dans toutes les circonstances à cette liberté, non seulement en ce qui concerne les cérémonies intérieures, mais encore en ce qui est relatif au costume, notamment à Marseille, où les prêtres schismatiques grecs se montrent publiquement avec l'habit qui indique leur sacerdoce; à Aix, où l'on a vu pendant plusieurs années un rabbin juif porter sans difficulté la robe des anciens Hébreux, avec le turban et la barbe; dans tous les villages du royaume des ermites parcourant les campagnes, revêtus d'un froc presque conforme à celui des Capucins, sans qu'aucun procès-verbal ait été jamais dressé contre les uns ou contre les autres ;

Attendu que, d'après les règles de la justice distributive, on ne saurait pour les mêmes faits et absolument dans des circonstances semblables, intenter contre les Capucins des poursuites judiciaires auxquelles les prêtres schismatiques grecs, avec leur barbe, leur costume oriental et religieux, les ermites et le rabbin juif dont il a été parlé n'ont jamais été soumis ;

Attendu qu'il résulte du rapprochement de ces faits la conséquence indispensable que, pendant un grand nombre d'années, les autorités administratives et judiciaires ont dû croire que la loi du 18 août 1792 avait été abrogée par la Charte comme diamétralement opposée à la liberté civile et religieuse qu'elle établit;

Attendu d'ailleurs que cette loi est inexécutable sous un autre point de vue par la latitude excessive qu'elle attribue au juge dans l'application de la peine, principe tout à fait contraire à notre nouvelle législation qui, établissant une peine spéciale pour chaque fait, renferme le magistrat dans des bornes assez étroites. En effet, l'article 10 porte qu'on ne saurait se revêtir d'un costume religieux sans être puni par la voie de police correctionnelle, ce qui peut s'entendre d'une simple amende comme d'un emprisonnement de cinq années, l'article 463 du Code pénal étant restreint au cas prévu par le susdit Code. Mais il y a plus; en cas de récidive, le fait d'avoir porté un habit religieux doit être puni, d'après la dite loi de 1792, comme délit de la sûreté générale; or, les crimes de cette espèce, mentionnés dans le livre III du Code pénal, sont passibles de la peine de mort ou d'autres peines infamantes;

Attendu que l'imagination recule d'épouvante à la pensée que le port d'un costume religieux peut exposer, en cas de récidive, à des châtiments terribles et honteux que la législation n'a voulu réserver que pour les crimes;

Attendu que cette dernière considération ne peut laisser aucune espèce de doute sur l'impossibilité de l'exécution de la loi du 18 août 1792;

Attendu que si le gouvernement du roi juge nécessaire d'établir des peines contre ceux qui porteraient le costume religieux d'un Ordre non autorisé par les lois du royaume, il avisera dans sa sagesse aux dispositions législatives qu'il sera convenable de proposer en l'état de l'abrogation de la loi de 1792, lesquelles dispositions législatives seront alors en harmonie avec les principes de sage liberté établis par la Charte;

Attendu que jusqu'à ce que ces nouvelles lois soient promulguées, les tribunaux ne peuvent être liés par l'arrêté de l'autorité administrative, alors que celui-ci ne se rattache point aux lois encore en vigueur, mais seulement à celle du 18 août 1792, qui paraît au contraire en contradiction avec la Charte, base fondamentale de notre législation :

Requérons la Cour royale, chambre d'accusation, de déclarer qu'il n'y a pas lieu (d'inquiéter les Capucins)...

La tolérance légale accordée aux Capucins en 1821, tout en leur permettant de vivre, ne leur laissa qu'une existence fort précaire. Aussi se développèrent-ils lentement jusqu'en 1848. La seconde République, en établissant pour tous une ère de vraie liberté, leur permit de grandir et de se multiplier.

Devenus nombreux et forts, ils ont pu reprendre l'œuvre des missions à l'étranger, comme nous le dirons plus loin. Mais, il importe de le remarquer dès à présent, l'œuvre des missions à l'étranger est intimement liée à l'œuvre des missions en France. Celles-ci, en effet, en répandant les Capucins par toute la France, leur permettent de se faire connaître, de pourvoir efficacement à leur recrutement, et de trouver les ressources nécessaires à l'entretien des missionnaires. Interdire aux Capucins l'œuvre des missions françaises serait amener fatalement, dans un délai plus ou moins long, la ruine de leurs missions à l'étranger.

Cette conséquence, cette vérité semble, du reste, avoir été comprise par le Gouvernement de la République en 1881, après l'exécution des décrets. Pourquoi, partout, après cette célèbre exécution, les divers ministres ont-ils *toléré* la reconstitution de toutes les maisons dissoutes? Les congrégations, en effet, ne sont pas rentrées, comme on affecte de le croire, malgré et contre la volonté des gouvernants. Toutes les congrégations pourraient en faire la preuve. Le Gouvernement a connu et approuvé cette réouverture des maisons fermées. Il avait fini par comprendre, en effet, grâce aux rapports de ses ambassadeurs, que la fermeture des maisons religieuses en France était la ruine de nos missions et de notre influence politique à l'étranger. C'est après avoir constaté ce fait que Gambetta prononça sa parole célèbre : *L'anticléricalisme n'est pas article d'exportation.* Cette parole était le résumé de toute une politique faite d'expérience et fondée sur la nécessité.

En ce qui concerne les Capucins, il sera facile de montrer par des preuves comment, s'ils se sont rétablis après 1880, ç'a été avec l'agrément et la tolérance officielle du Gouvernement.

Peu de temps après l'exécution des décrets du 19 mars 1880, des dénonciations informèrent le ministère Gambetta que la communauté des Capucins du Mans s'était reconstituée. Après enquête, on reconnut que cette maison était le séminaire où l'on formait les jeunes religieux destinés aux Missions de Constantinople et du Levant. Et Gambetta donna ordre de laisser ces religieux tranquilles.

Voici du reste comment et en quelles circonstances fut accordée cette tolérance officielle.

A la suite d'instances réitérées auprès du Saint-Siège, le Gouvernement de la République avait obtenu en 1880 que la Mission de Constantinople fût confiée aux Capucins de Paris. Ceux-ci acceptèrent, et bientôt fondèrent auprès de l'ambassade française un séminaire destiné à former un clergé oriental dans nos idées chrétiennes et françaises.

Mais, pour tous ces services, il fallait un personnel nombreux et pourvu d'une instruction solide. Comment le former si nos maisons étaient fermées ? Les Supérieurs de la Mission firent part de leurs inquiétudes à nos ambassadeurs à Rome et à Constantinople.

M. Tissot et M. de Noailles, à Constantinople, et M. Lefebvre de Béhaine, à Rome, s'en préoccupèrent et demandèrent au Ministre des Affaires étrangères d'autoriser ou du moins de *tolérer* en France l'ouverture d'un noviciat et séminaire pour la formation des missionnaires.

Les Ministres ne voulurent pas donner un consentement écrit, mais ils *dirent formellement aux Capucins qu'ils pouvaient ouvrir sans crainte.* M. Barthélemy Saint-Hilaire, M. Gambetta et M. Ferry furent tous les trois du même avis à ce sujet.

Sous le ministère Freycinet, il se produisit une nouvelle dénonciation suivie d'une nouvelle déclaration de

tolérance. Bien plus, M. Ferry, prié par les Dominicains
d'accorder l'autorisation à une maison pour la formation de leurs missionnaires, donna cette réponse :
« Faites comme les Capucins, rentrez sans bruit. »

En 1900, M. Waldeck-Rousseau prit auprès de Mgr l'archevêque de Tours des renseignements sur le séminaire
que nous venions d'établir dans cette ville. Sa Grandeur
répondit qu'il s'agissait simplement d'une annexe à la
maison du Mans, devenue trop étroite pour le nombre
croissant et la formation si longue de nos missionnaires.
Cette explication fut jugée satisfaisante.

Il résulte de tous ces faits et documents que les Capucins, quoique dépourvus de l'autorisation *législative*, se
sont néanmoins toujours conservés dans une situation
légale vis-à-vis du Gouvernement. Celui-ci, eu égard
aux services incontestables qu'ils rendent à la chose
publique, ne leur a jamais refusé la *tolérance légale*.

Nous devrions ici ajouter une considération spéciale
en faveur des Capucins de Savoie. Le traité d'union de
cette province à la France (art. 7 de la convention diplomatique du 23 août 1860) déclare que les « Collèges et
tous autres établissements publics existant dans la
Savoie » continueront à jouir de leurs privilèges. Cette
faveur fut spécialement étendue aux Congrégations et
aux Capucins. Or les Capucins étaient dûment autorisés
par les lois sardes. Ces religieux jouissent donc, d'après
les traités, de la *reconnaissance légale* qu'on ne saurait
leur enlever sans violer ces mêmes traités.

CHAPITRE III

Les Capucins auxiliaires du clergé séculier

On a représenté les religieux comme des rivaux,
presque des ennemis du clergé séculier. Le projet de loi
qui dissout les Ordres prédicants s'est fait l'écho de ces
accusations. Rappelons-en le texte :

« Les agrégations monacales n'ont jamais désarmé,
elles ont toujours profité de ces intermittences, et sou-
tenues par un mot d'ordre venu d'au delà des Alpes,
elles ont formé peu à peu, mais sans relâche, à côté de
notre clergé concordataire, un second clergé qui, si l'on
n'y prenait garde, dominerait bien vite le premier, et
ferait de la religion une institution purement politique.

« Nous les avons vues à l'œuvre, chaque fois qu'une
crise gouvernementale s'ouvrait, chaque fois que le suf-
frage universel était appelé à se prononcer.

« Enfin vous connaissez les agissements auxquels les
membres de ces agrégations se livrent, lorsqu'ils viennent à huit, dix ou douze, envahir une paroisse, se
substituer au clergé local, s'emparant des confessionnaux
comme des autels, et jetant du haut de la chaire des
excitations contre lesquelles nous restons impuissants.

« Nous estimons en conséquence que les demandes
produites ne répondent à aucun besoin réel et que les
admettre serait compromettre en France la paix religieuse et l'ordre public.

« Il y aurait un danger d'autant plus grand à accorder l'autorisation que l'accaparement de la prédication
dans les églises ne suffit plus aujourd'hui à l'activité des
Congrégations.

« Encouragées par la tolérance dont elles étaient l'objet,
elles se sont appliquées à désorganiser, en le détournant
à leur profit, le service paroissial.

« Après avoir créé, à côté du personnel séculier, un
personnel aussi important et parallèle, elles ont cherché
à établir le même parallélisme dans les lieux du culte,
en créant à côté des circonscriptions paroissiales une
série de lieux de culte distincts et non autorisés. »

Pour détruire d'un seul coup, toutes ces accusations
d'un homme aussi peu compétent en la matière que
celui qui les produit, il suffirait de lui opposer la parole
du Souverain Pontife qui s'est fait entendre plusieurs
fois, la parole de tous les évêques français, dont la protestation retentit encore à toutes les oreilles, et les mani-
festations du peuple croyant et du clergé tout entier. Ils
sont les vrais, les seuls intéressés ; leur témoignage seul
est recevable. Nous citerons en appendice quelques-
unes de leurs protestations. Pour le moment, répondons
directement à M. le président du Conseil.

Les considérations suivantes montreront que, pour
les Capucins au moins, toutes ses accusations ne reposent
sur aucun fondement réel. Les raisons alléguées peuvent
en imposer tout d'abord à ceux qui ne voient les choses

que par les apparences extérieures, ou qui jugent du présent d'après quelques querelles d'un passé qui ne saurait d'ailleurs revivre. Mais nous allons montrer que ce prétendu antagonisme entre le clergé séculier et le clergé régulier aujourd'hui non seulement est un mythe, mais il est une impossibilité matérielle et absolue.

Voici, en effet, en ce qui concerne les Capucins, leur situation juridique et canonique vis-à-vis du clergé séculier. Qu'on l'examine attentivement et l'on nous dira s'il peut y avoir empiètement de leur part sur les droits et privilèges de celui-ci.

Les religieux Capucins, d'après leur règle même, sanctionnée en cela par le droit ecclésiastique et la pratique universelle, dans tous les actes du ministère ecclésiastique, sont sous la dépendance absolue et continuelle du clergé séculier.

Quand les Capucins s'établissent dans un diocèse, ce n'est qu'à la demande et avec l'agrément formel de l'évêque de ce diocèse.

S'ils ont une chapelle ouverte au public, ce n'est encore qu'avec l'autorisation écrite et canoniquement révocable de l'évêque diocésain. Dans cette chapelle aucun religieux ne peut exercer aucun ministère public, même entendre une seule confession, sans une permission spéciale, personnelle et toujours révocable de l'évêque diocésain.

Quand ils vont prêcher dans une paroisse, c'est toujours avec *l'agrément de l'évêque diocésain*, duquel ils doivent recevoir tous leurs pouvoirs. Les pouvoirs accordés sont *personnels* et *temporaires ;* ils doivent être renouvelés à l'occasion de tout exercice nouveau du ministère religieux.

De plus, quand ils vont prêcher dans une paroisse,
ils ne le font jamais si ce n'est à la demande expresse du
curé lui-même et dans les limites, comme sous la forme,
déterminées par le chef de la paroisse.

Le ministère des Capucins comme prédicateurs ou
confesseurs et, par conséquent, leur ministère dans tous
ses actes, dépend donc bien, dans son exercice intégral,
non seulement de l'évêque diocésain, mais encore du
curé de la paroisse.

Comme prédicateurs ou confesseurs les Capucins sont
plus dépendants de l'Ordinaire et des curés que le plus
petit vicaire de village lui-même.

L'antagonisme entre les deux clergés n'est donc pas
à craindre. Il peut y avoir émulation peut-être entre eux,
mais l'émulation est une vertu, il faut l'encourager. Il
est évident, d'après notre exposé, que cette émulation
ne peut dégénérer en antagonisme, puisqu'il dépend toujours du clergé séculier de réduire au silence et à l'inac-
tion le clergé régulier.

Est-ce qu'il peut y avoir antagonisme entre le serviteur
et le maître, entre l'ouvrier et le patron? Or, nous
l'avons établi, le clergé régulier est vis-à-vis de l'autre
comme le serviteur vis-à-vis de son maître, comme l'ouvrier vis-à-vis de son patron. Et, dans le cas présent, le
maître, le clergé séculier, sans aucun dommage personnel (nous ne disons pas sans dommage pour ses parois-
siens), peut, à tout moment, se passer des services des
religieux.

On objecte encore contre les Capucins leur dépendance
vis-à-vis d'un supérieur étranger.

Cette objection repose encore sur une erreur. En tout

ce qui n'est pas d'ordre absolument privé, les Capucins dépendent uniquement, selon que l'exige la loi, de leurs supérieurs français et résidant en France. Leur dépendance de Rome se limite au for intérieur, aux questions strictement religieuses.

Ils dépendent de Rome, comme tous les catholiques, en ce qui regarde la religion et la conscience. Mais cette dépendance n'a rien de contraire aux intérêts nationaux, elle est du reste garantie par le concordat et consentie par tous les gouvernements civilisés du monde entier. Le mot d'ordre que les Capucins reçoivent de Rome, c'est celui qui règle leur foi et leur conscience religieuse ; ils n'en acceptent pas d'autre. Du reste, pour tout ce qui concerne la religion, le Pape n'est étranger nulle part. C'est là un axiome accepté de tous les siècles. Il serait à désirer que d'autres associations internationales imitassent sur ce point la réserve des catholiques et des religieux.

La prédication des Capucins faite pour inspirer la pénitence et l'amour des choses célestes aux petits et aux humbles n'a jamais inquiété personne.

Seuls de tous les religieux, ou à peu près, les Capucins ont pu continuer de vivre dans les pays protestants ; ils sont restés en Irlande, et ils sont en Angleterre. Ils sont restés en Allemagne et en Suisse, en Hollande, en Russie, aux États-Unis. Au lieu d'inspirer de la défiance aux protestants, ils ont gagné leurs sympathies.

Voici à ce sujet un passage significatif du grand historien luthérien Menzel, sur l'apostolat des Capucins :

« Les Capucins se distinguaient par une grande pureté de mœurs, par une activité désintéressée pour le salut des

âmes et par l'austérité de leur vie. Le peuple, pour qui
les Jésuites étaient trop loin avec leur science étrangère
et leur grande politique, le peuple se sentait attiré vers
les Capucins, qui allaient à pied d'un endroit et d'un
pays dans un autre, et qui étaient comme chez eux dans
les plus basses chaumières. Ils rendaient évidente pour
les pauvres cette sentence de l'Évangile que le royaume
des cieux est à eux, en ce qu'ils renonçaient aux jouis-
sances et commodités de la vie terrestre. Dans la bouche d'un moine barbu et pieds-nus, qui hors sa robe
n'avait pas même une chemise sur le corps et couchait
sur la planche, la doctrine que le chrétien doit crucifier
sa chair et ne porter son regard que vers la patrie
céleste, parce qu'il est un étranger et un pèlerin sur la
terre, paraissait beaucoup plus convaincante; les considérations que les souffrances de ce temps ne sont pas
dignes de la gloire future faisaient sur leurs lèvres une
impression beaucoup plus profonde que dans la bouche
d'un riche prélat ou d'un Jésuite à la prudence mondaine. » C'est un protestant qui parle ainsi. Il va sans
dire que nous protestons contre les insinuations con-
tenues dans ces dernières paroles.

L'éloge accordé aux Capucins de son pays par l'historien protestant, a été décerné, tout récemment, aux
mêmes religieux par un autre écrivain, dont le nom fait
autorité, et dont le témoignage ne saurait paraître
suspect à personne. C'est l'historien du P. Joseph
du Tremblay, M. Fagniez. Il parle des Capucins du
xviie siècle. Voici ses paroles :

« Ce fut une apparition singulière pour ces populations
sceptiques ou sectaires, que ces moines nomades cou-
verts de la poussière des chemins, vivant de la charité
publique. Tout en eux semblait fait pour choquer ceux
qu'ils venaient convertir. La première impression, en

effet, ne leur fut pas favorable, mais ce ne fut pas celle qui triompha.

« Le succès au contraire fut considérable et pour ainsi dire instantané. Un grand courant moral agita, retourna la population. L'ouverture de la mission attira de loin une foule immense qui brava, pour venir entendre les missionnaires, les fatigues et les intempéries. Elle se pressait dans les églises, ou plus souvent, car les églises étaient ruinées ou trop petites, sous les halles, dans les marchés ; elle assiégeait les confessionnaux et la sainte Table (1). »

Cette action des Capucins, décrite par l'historien, s'exerçait au milieu des populations de l'Ouest. En Dauphiné le succès fut plus merveilleux encore :

« Cet apostolat, rendu pénible par la rudesse du pays et des habitants, ne fut pas stérile. La conduite des Capucins pendant la peste qui éclata dans la ville (de Gap) au mois de juillet 1630, augmenta beaucoup l'efficacité de leurs prédications: on crut des gens qui mouraient. Sept sur dix furent victimes du fléau, qui dura jusqu'au mois de janvier 1631. Depuis ce moment les Capucins ne furent pas moins sympathiques aux réformés qu'aux catholiques et ils en furent aussi bien traités.

« D'un autre côté l'évêque, dont le clergé était fort inférieur à ses devoirs, se servit de ces religieux pour le réformer, pour confesser, pour exercer le ministère paroissial, pour remplir dans sa cathédrale l'office de théologal. Autorisée par l'Ordinaire, leur action se fit sentir partout ; les églises furent rebâties, des chapelles s'élevèrent dans les vallées, aux flancs des monta-

1. *Le P. Joseph et Richelieu*, I, p. 290.

gnes, les mœurs s'adoucirent, la moralité s'éleva, la religion catholique devint celle de la majorité (1). »

Nous avons, dans ce témoignage de M. Fagniez lui-même, une preuve convaincante de la nécessité où se trouve l'Église d'avoir un clergé régulier à côté du clergé séculier. Cette présence de deux clergés crée l'émulation ; et l'émulation, nul ne l'ignore, est nécessaire partout pour soutenir la vertu comme le travail. Sans elle le progrès moral et intellectuel est aussi impossible que le progrès industriel, commercial ou agricole.

Aujourd'hui le rôle des Capucins comme auxiliaires du clergé séculier est considérable.

1º Les uns se livrent exclusivement à la prédication dans les villes et surtout dans les campagnes. Un missionnaire Capucin donne chaque année le chiffre considérable de 300 à 500 prédications, sermons, conférences.

2º D'autres sont aumôniers de communautés religieuses, d'orphelinats, d'hospices, d'hôpitaux. Ils visitent les malades, donnent aux enfants l'instruction religieuse, et aux maîtres et maîtresses les secours spirituels.

3º D'autres se livrent à l'étude et écrivent des ouvrages de science, de piété, rédigent des revues scientifiques ou pieuses.

L'appui des religieux est nécessaire au clergé séculier. A défaut de raisons, les faits le prouveraient abondamment. Il suffit d'ouvrir les yeux et de lire l'histoire.

1. *Le P. Joseph et Richelieu*, p. 297.

1° Dans tous les siècles, ils ont existé à côté de lui.

2° Dans tous les pays, aujourd'hui encore, on les rencontre.

Aussi Taine a-t-il pu dire que les Ordres religieux tiennent à l'essence de l'Église. On ne peut supprimer les uns sans opprimer l'autre ; et dès que la liberté est rendue à l'Église, ils renaissent.

3° Aujourd'hui, partout dans les diocèses, les évêques forment des sociétés dites de Missionnaires diocésains.

Que sont ces sociétés ?

Des auxiliaires du clergé paroissial. Elles ne diffèrent des Congrégations religieuses que par l'absence de vœux. Elles ont la vie commune, elles ont l'obéissance à un supérieur. En un mot les religieux prédicants ne sont autre chose que des missionnaires diocésains liés par des vœux et par une règle spéciale.

Au lieu de défendre par nous-mêmes les droits de ces religieux prédicants, droit à être religieux, droit à prêcher, nous nous contenterons d'apporter la défense que Berryer prononça en leur faveur à la Chambre française, en des circonstances semblables à celles que nous traversons. Le grand orateur n'eut pas de peine à montrer que rien dans le droit naturel, rien dans aucun code, dans aucune charte, dans aucune constitution, ne pouvait leur enlever ces droits.

Voici ses paroles (1) :

Je le répète, vous allez au delà de la loi, au delà du droit, au delà de la puissance humaine. La puissance de l'homme, la puis-

1. Discours de M. Berryer à la Chambre des députés, sur les interpellations faites par M. Thiers, au sujet des Congrégations religieuses (Extrait).

sance de tout législateur s'arrête devant ce qui est du domaine de la conscience. Vous voulez interdire les vœux, les engagements de la conscience; vous n'en avez pas le droit.

Les vœux religieux sont, dites-vous, contraires à la nature! Mais qu'appelez-vous donc le droit naturel? Si un homme a des repentirs, des regrets, des désespoirs, quelle liberté lui laisserez-vous, la liberté du suicide!!! Est-ce là le droit naturel? Mais la liberté de mourir au monde, pour vivre en son âme selon la foi; la liberté de se réunir pour prier, dans une même retraite, avec ceux qui partagent les mêmes douleurs et les mêmes espérances, cette liberté, vous la contestez! Au nom de la nature, vous ne voulez pas que l'homme vive à la face de Dieu, qu'il aille chercher là sa force et sa consolation! Non, il n'en peut pas être ainsi dans un pays libre. Toute distinction de droits entre l'exercice du culte et la profession religieuse est une intolérable subtilité. Le droit de vivre en commun, sans autorisation préalable, vous ne pouvez pas le dénier en lui-même; ce que vous déniez, c'est le droit de se lier par des vœux à cette vie commune quand ces vœux ne sont pas approuvés par l'autorité publique. Or, le droit de faire des vœux, il n'est pas en votre puissance de l'interdire.

Vainement vous l'usurperez, vous ne pourrez mettre la main sur la conscience de l'homme et sur ses lèvres à la fois pour l'empêcher de faire, de contracter des engagements qui ne sont connus que de la conscience et dont la conscience seule est juge. La raison des vœux est une raison détestable, une raison fausse, une raison injuste.

Je m'attacherai aux paroles de l'honorable M. Portalis, dans la discussion de la loi d'enseignement, l'année dernière; il a rendu hommage à ces principes qui sont vrais, qui sont écrits dans toute notre législation, et qui dérivent de la différence de la condition actuelle du pouvoir avec la condition du pouvoir avant 1789, différence qui est toute dans la séparation, la disjonction de la puissance religieuse et de la puissance civile, de l'empire et du sacerdoce.

Qu'a dit l'honorable M. Portalis l'année dernière?

« Il ne s'agit pas de proscrire et de bannir du sol français ces institutions religieuses dont les formes ont varié avec les siècles et les révolutions des mœurs, mais que la religion catholique s'est toujours glorifiée de porter dans son sein et qui sont conformes à son esprit. » Et plus loin : « Pour être éloignés de l'enseignement (c'est ce qu'ont fait les ordonnances de 1828), ils n'en pourront pas moins exercer librement sur la terre de France toutes les fonctions les plus importantes du ministère ecclésiastique.

« La protection de la loi ne cessera pas d'entourer celui qui aura déclaré avoir contracté des engagements que la loi ne reconnaîtrait pas, mais qu'elle ne punit pas. »

Ainsi cette double situation, claire, simple, qui ne livre pas le pays à des périls, qui n'appelle pas la guerre civile, cette double situation de liberté et de répression, elle est admise, reconnue par les hommes les plus éminents; il est impossible de refuser à la vie commune ce que l'on accorde pour les réunions formées à l'effet d'exercer et de pratiquer un culte quelconque. Cette liberté, je l'ai dit, elle est nécessaire au culte catholique; elle est dans l'esprit, dans les besoins de notre Église; c'est cette liberté que nous soutenons être dans les lois; elle y est tout entière; vous ne trouverez rien dans les lois de 1790, sous tout régime où la liberté des cultes a été respectée, rien dans les lois de 1814, dans les lois de 1817 et de 1825, rien dans tout ce qui s'est fait postérieurement, qui soit contraire à cette liberté; elle est écrite dans la charte; je la réclame, je l'invoque. Je demande que les hommes qui sont engagés dans les communautés et les congrégations soient soumis à la surveillance publique; qu'ils soient, comme tous les citoyens, en dehors des mesures préventives et seulement atteints par la répression de leurs actes.

Ces nobles paroles ont retenti plusieurs fois au siècle dernier à la tribune nationale. Ce sont les paroles de la raison, les paroles du bon sens, ce sont des paroles françaises; elles finiront par triompher.

Nous voulons résumer, en quelques mots, toutes les considérations développées en ce chapitre :

Les religieux prédicants sont, dans le clergé, les *spécialistes* de la parole.

Or, on le sait, toute profession s'élève, à mesure que les diverses fonctions qui la constituent se spécialisent davantage; toute profession, au contraire, se dégrade et se vulgarise, quand toutes ses fonctions doivent être remplies par les mêmes agents.

La profession cléricale n'échappe pas à cette loi. En supprimant, avec les religieux prédicants, les spécialistes de la chaire, ce n'est pas la réhabilitation du clergé français que poursuit M. Combes, mais il se prépare à le rabaisser au dernier rang du clergé catholique.

CHAPITRE IV

Les Capucins et les œuvres d'assistance

Aujourd'hui les Capucins et les Franciscains, en général, ne se livrent point par eux-mêmes en France aux œuvres d'assistance auprès des malades. Ils se contentent d'inspirer, de susciter et de diriger ces œuvres. C'est là une action plus féconde que l'exercice même de la charité.

1º Ils exercent ces œuvres de charité par les innombrables congrégations de *Sœurs Franciscaines* répandues par toute la France et à l'étranger, qu'ils ont suscitées, qu'ils dirigent, soutiennent et encouragent.

Le nombre des Sœurs Franciscaines est aujourd'hui de huit mille en France, la plupart hospitalières ou gardes-malades. C'est l'Ordre le plus nombreux entre tous ceux qui sont consacrés aux œuvres d'assistance.

2º Ils exercent les œuvres de charité non seulement à la porte de leurs couvents en distribuant des aumônes a tous les malheureux, mais en créant partout des centres d'assistance par *leurs Tiers-Ordres* et par le *Pain de Saint-Antoine*, dont le tronc est érigé dans toutes les églises et chapelles.

3º Ils ont créé des œuvres sociales. Le P. Ludovic de Besse est célèbre dans le monde entier, pour avoir contribué en France plus que tout autre au développement du *Crédit populaire et des Caisses rurales.*

4° Dans les moments de crise ou d'épidémie, les Capucins n'hésitent pas à se mettre directement au service
de toutes les misères.

Quand en temps de peste, autrefois et même en notre
siècle, les plus braves fuyaient devant le fléau, c'est aux
Capucins qu'on avait recours pour assister les mourants,
et leur distribuer les secours corporels et spirituels.

5° Aux XVIIᵉ et XVIIIᵉ siècles, c'étaient les Capucins qui
avaient le principal soin des pompes à incendie, et dans
toutes les villes ils ont été les premiers chargés officiel-
lement de porter secours aux sinistrés.

6° Dans l'armée, auprès des soldats, ils remplissaient
avec les autres Franciscains, le rôle d'aumôniers; et ils
accompagnèrent nos soldats sur tous les champs de
bataille.

Nous allons citer quelques faits, choisis entre mille,
pour montrer avec quel dévouement, souvent héroïque,
les Capucins ont su remplir ces divers offices de charité
et d'assistance.

1° *Les Capucins au service des pestiférés.*

Voici l'hommage que leur rend, à propos de la peste
de Marseille, en 1720 et 1721, un historien hostile au
catholicisme : « La France compte avec orgueil les saints
qui succombèrent dans cette noble mission. Il périt
26 Récollets et 18 Jésuites sur 26. Les Capucins appelè-
rent leurs confrères des autres provinces et ceux-ci
accoururent au martyre avec l'empressement des vieux
chrétiens : de 55, l'épidémie en tua 43. »

Il faut compléter le témoignage de l'historien contenu
quoique sincère dans l'expression de sa sympathie pour
les Capucins de Provence.

Cet appel fait à tous les couvents de la contrée n'eut

pas lieu seulement lors de l'apparition du fléau ; à deux reprises le couvent de Marseille se trouva vidé par la contagion et, chaque fois, de nouveaux religieux vinrent, sans hésiter, s'étendre, comme une troisième couche, sur les cadavres de leurs compagnons, tombés victimes de l'accomplissement de leurs devoirs.

« Que vois-je, s'écrie Louis Veuillot (1) après avoir constaté cette belle conduite, que vois-je, au commencement du xviiie siècle, en pleine Régence? Tous les Capucins de Provence, qui accourent à Marseille pour s'y dévouer et mourir. »

Les historiens rapportent que Mgr de Belsunce n'ayant plus auprès de lui pour faire face à l'épidémie qui sévissait dans Marseille avec la plus cruelle rigueur, aucun des prêtres qu'il avait admirés auprès du chevet des malades, se rendit au couvent des Capucins.

Il arrivait comme on était au réfectoire. Le généreux prélat fait appel aux enfants de Saint-François, leur dit qu'il n'y a plus de prêtres, que les uns sont morts et les autres mourants...

Les religieux ne le laissent pas achever, il ont compris l'âme du pontife ; tous à genoux demandent sa bénédiction, et, sans penser à achever leur repas, courent au sacrifice, à la mort (2).

Nous avons cité plus haut (3) un arrêté du Conseil d'État de l'année 1668, rendu en faveur des Capucins. Cet arrêté rappelle que ces religieux ont vu « *Deux cent septante-huit* » des leurs tomber dans l'exercice de la charité auprès des pestiférés.

Dans le même temps, *quatre-vingts autres Capucins*

1. Dans le compte rendu du livre de M. Lenormant, de *l'Association religieuse dans le christianisme*.
2. Cf. *Les Capucins*, par l'abbé Thomas.
3. Page 8.

étaient morts dans la Franche-Comté, non encore française, victimes du même dévouement.

Dans les Missions à l'étranger, ils déployaient la même abnégation. A Constantinople, par exemple, des quatorze premiers missionnaires morts dans cette ville, dix succombèrent au service des pestiférés.

Après leur retour à la suite de la Révolution, les Capucins ont eu encore, maintes fois, l'occasion de mettre au service de leurs concitoyens leur inépuisable charité. Nous citerons simplement leur conduite à Aix, lors du terrible choléra de 1834 et 1835. Nous laisserons la parole au Supérieur de la petite communauté de Capucins, rapportant la conduite de ses religieux :

« Dès que le fléau eut fait son apparition, dans cette ville d'Aix, dit-il (1), une grande panique s'empara de la population, et plusieurs milliers de personnes, notamment les riches, émigrèrent dans les villes voisines et même vers le Nord. Ceux qui n'avaient pas les moyens de s'expatrier cherchèrent un asile sur les montagnes et sur les collines de la contrée. C'était en plein été (1834); la ville était littéralement déserte. Les quelques habitants qui y restaient n'osaient sortir de leurs maisons dans la crainte du choléra. L'hôpital était rempli de malades, et on ne trouvait personne pour les soigner, même à des prix extraordinaires.

« Dans cette extrémité, le maire d'Aix, M. Aude, qui jusque-là avait été indifférent pour les Capucins, se souvint qu'il en restait encore quelques-uns dans le petit couvent de Saint-Pierre. Il m'écrivit pour me demander de lui venir en aide en acceptant le service de l'hôpital qui était abandonné de tout le monde. Je

1. Voir *Analecta FF.-MM. Cap.*, 1902.

répondis aussitôt à M. le Maire que j'étais bien fâché de
ne pouvoir accéder à ses désirs, parce que je n'avais
personne à mettre à sa disposition. Je suivis de près le
porteur de ma lettre, car je tenais à avoir une entrevue
avec ce magistrat. En l'abordant, je compris que ma
lettre lui avait fait une pénible impression.

« — Comment, me dit-il, vous n'avez personne à me
« donner pour soigner nos pauvres malades ?

« — Personne, Monsieur le Maire.

« — Et tous vos religieux, où sont-ils donc ?

« — Depuis hier ils sont tous à l'hôpital ou dans la
« ville, uniquement occupés du soin des cholériques.

« — Il fallait donc me le dire dans votre lettre. Merci,
« vous nous rendez heureux dans notre malheur. »

« Tous nos religieux étaient effectivement occupés au
soin des malades ; le couvent était fermé. Cependant, au
bout de quelques jours, craignant que quelques-uns des
nôtres ne fussent victimes de leur dévouement, j'ac-
ceptai l'offre, qu'on me fit, d'une maison de campagne à
quelque distance de la ville.

« Plusieurs religieux qui avaient présenté quelques
symptômes précurseurs du terrible fléau y furent
envoyés.

« Les premiers remèdes prescrits en avaient vite raison ;
et aussitôt remis, ces vaillants Capucins retournaient
auprès des cholériques. Les étudiants et les frères lais
purent s'utiliser eux aussi dans l'hôpital, soit à la cuisine,
soit dans les dortoirs réservés aux hommes.

« Si aucun de nous n'a été victime du redoutable fléau,
nous le devons à une attention spéciale de la Providence sur notre Province renaissante. Je dois ajouter
qu'en ma qualité de Supérieur, je crus devoir faire un
vœu spécial, une sorte de promesse solennelle en
l'honneur de la sainte Vierge, pour obtenir d'être
épargnés.

« Enfin le choléra disparut; les émigrants rentrèrent peu à peu ; mais, pendant longtemps encore, la ville fut plongée dans la consternation. On ne rencontrait dans la rue que des visages tristes, des yeux baignés de larmes. Il manquait quatre cents personnes à l'appel des familles d'Aix. Au milieu de cette tristesse générale, de cette désolation de toutes les classes, on entendait sortir de toutes les bouches des bénédictions et des paroles de louange à l'adresse des Capucins. Ceux-là même qui les avaient peut-être maudits auparavant ne tarissaient pas d'éloges. Le Maire et son Conseil se montraient pleins de reconnaissance pour nous. Voulant reconnaître par des actes les services que nous avions rendus pendant la cruelle épidémie, ils envoyèrent une députation au couvent pour nous demander ce qui pourrait obliger notre communauté et lui faire plaisir.

« Rien, Messieurs, leur répondis-je, nous ne demandons et nous ne voulons rien. C'était notre devoir « d'exercer la charité envers nos semblables, et si par « ce moyen nous avons rendu hommage à la Religion, « nous en remercions la Providence. »

« Ce désintéressement des Capucins les toucha presque autant que les services que nous avions rendus aux pauvres malades.

« Toutefois, sans tenir compte de mon refus, le Conseil municipal, dans une de ses séances générales, consigna une mention très honorable pour nous. Seulement, comme nous n'étions pas reconnus par le Gouvernement, nous y fûmes désignés sous le nom de religieux de Saint-Pierre (nom que portait notre monastère avant la Révolution). Puis..... le Conseil municipal nous envoya une grosse charrette de sacs de blé! »

Quelques jours après, le P. Athanase reçut de la mairie le document suivant :

« *Mairie d'Aix, 22 octobre 1835.*

« Monsieur le Supérieur,

« Le Conseil municipal, dans sa séance du 9 courant, a voté, au nom de la ville, des remerciements aux citoyens courageux qui, à l'époque où le choléra-morbus exerçait ses ravages à Aix, ont rivalisé de zèle et de dévouement en exposant leur vie pour le soulagement des malheureux cholériques, en les soignant auprès de leur lit, ou en leur distribuant des secours.

« Il a été délibéré que leurs noms seraient inscrits au procès-verbal avec mention honorable. Vous êtes, Monsieur le Supérieur, ainsi que les Pères de votre monastère, du nombre de ceux qui ont rendu ces éminents services à la ville, et je viens vous donner connaissance de cette délibération d'après les intentions du Conseil. Je vous renouvelle à cette occasion toute l'expression de ma reconnaissance et de ma considération distinguée.

« Le Maire d'Aix, chevalier de la Légion d'honneur,

« Aude. »

En 1846, le même fléau se déchaîna encore à Marseille, les Capucins renouvelèrent leurs actes multipliés de dévouement ; et la municipalité, comme autrefois à Aix, tint à honneur de leur témoigner sa reconnaissance par un acte public.

En 1866, Chambéry et ses environs sont éprouvés à leur tour. Avec une violence terrible, le choléra y sévit pendant trois longs mois. Les habitants épouvantés s'enfuirent de tous côtés. Telle fut la panique qu'en certaines maisons on trouva des malades abandonnés de leur famille, laissés sans secours. Les Capucins s'installèrent au chevet de ces pauvres délaissés ; ils ensevelirent les morts et ils se virent parfois obligés, parce qu'il ne se trouvait personne pour les aider dans cette triste besogne, à prendre eux-mêmes les cadavres sur leurs épaules et à les transporter ainsi au cimetière. Deux religieux moururent frappés du choléra, et les autres ne durent leur salut qu'à de prompts et énergiques remèdes. Le souvenir de ce dévouement n'est pas encore effacé de la mémoire des habitants.

Aujourd'hui, il n'y a plus en France, pour les Capucins, les mêmes occasions de manifester leur dévouement. Mais ils se dépensent sous une autre forme, ou bien ils vont au loin chercher l'occasion que réclame leur charité. Nous parlerons de ces derniers au chapitre des Missions à l'étranger.

Nous raconterons au même chapitre des Missions le dévouement non moins admirable de ces autres Capucins, qui, lors des massacres d'Arménie, sauvèrent au péril de leur propre vie, des milliers de chrétiens.

2° *Autres œuvres d'assistance tenues par les Capucins.*

Nous avons signalé le service des pompes à incendie confié aux Capucins avant la Révolution. Toute une brochure a été composée à ce sujet par le P. Édouard d'Alençon : *Les Capucins premiers pompiers de Paris.* On y voit que les Capucins des XVII° et XVIII° siècles ne le cédaient aucunement en courage, en audace et en habileté aux meilleurs pompiers du XX° siècle. La première pompe qui ait existé à Paris était déposée dans leur couvent de Saint-Honoré. Le nombre des religieux morts dans ce service est considérable.

La lettre suivante de Mme de Sévigné (20 janvier 1671) peint assez exactement ce qu'était un incendie aux

xviie et xviiie siècles et montre le rôle rempli par les
Capucins.

Vous saurez qu'avant-hier au soir mercredi, après être re-
venue de chez M. de Coulanges... je songeai à me coucher ;
cela n'est pas extraordinaire ; mais ce qui l'est beaucoup,
c'est qu'à trois heures après minuit, j'entendis crier au voleur !
au feu ! et ces cris si près de moi et si redoublés que je ne
doutai point que ce fût ici... Je vis la maison de Guitaut
tout en feu, les flammes passaient par-dessus la maison de
Vauvineux... C'étaient des cris, c'était une confusion, c'était
un bruit épouvantable, des poutres et des solives qui tom-
baient... le feu était si allumé qu'on n'osait en approcher et
l'on n'espérait la fin de cet embrasement qu'avec la fin de la
maison de ce pauvre Guitaut... Des Capucins pleins de charité et d'adresse travaillèrent si bien qu'ils coupèrent le feu.
On jeta de l'eau sur le reste de l'embrasement et enfin le
combat finit faute de combattants, c'est-à-dire après que le
premier et second étage de l'antichambre... eurent été absolument consumés.

Le 7 mars 1618, c'est le Palais de Justice qui est en
feu. Les Capucins y accoururent et se montrèrent intré-
pides dans le danger. « On a remarqué surtout, dit le
journal de Paris, un Père Capucin qui a monté par deux
fois sur les plombs de la Sainte-Chapelle pour y
éteindre les brandons enflammés qui auraient pu compromettre cet édifice. »

Le 11 janvier 1776, nouvel incendie au Palais de Justice. Le service des pompes permit de conserver une
partie des bâtiments. Les Capucins s'y distinguèrent
encore. Un poème épique fut composé pour raconter
l'événement, et l'un des trois chants de ce poème est
consacré presque en entier à raconter les prouesses de
ces religieux.

En 1630, incendie à la Sainte-Chapelle. Le clocher est

dévoré par les flammes, le reste est épargné, grâce a l'héroïsme des religieux mendiants.

Le 2 mars 1671, la Sorbonne fut sauvée par le même concours des Capucins et autres religieux.

Le 27 avril 1718, un grand incendie éclate au quartier du Petit-Pont. Plus de cent Capucins y accourent. Ils s'employèrent à sauver la fortune des marchands, des ouvriers et des petites gens :

On a cité avec éloge, écrit le *Nouveau Mercure*, l'action d'un Capucin qui voyant un marchand désespéré de n'avoir pu tirer une commode où tous ses papiers étaient enfermés, entra avec une hardiesse étonnante dans un cabinet enflammé où elle était; et la charité lui tenant lieu d'aide, il se trouva assez de force pour l'arracher au milieu du feu et pour la remettre à celui à qui elle appartenait; on remarqua que trois des plus forts hommes eurent bien de la peine à l'enlever du milieu de la rue. On peut dire à la louange des religieux qu'ils y ont tous fait des actions héroïques; ils ont été d'autant plus utiles que les marchands leur remettaient leurs plus précieux effets avec confiance; ils ont aussi déménagé la plus grande partie des meubles qu'ils portaient à l'Hôtel-Dieu, à Notre-Dame et à Saint-Germain-le-Vieux.

En 1737, ils sont à l'incendie de l'Hôtel-Dieu et sauvent les malades.

En 1772, les bâtiments de la Chambre des Comptes sont embrasés à leur tour; mais les religieux réussissent à sauver les papiers précieux que le xix\ :sup siècle (1871) laissera périr criminellement.

En 1763, les religieux sauvent encore de la destruction le Palais-Royal. Ils ont contribué à conserver à notre siècle la plupart des monuments qui décorent Paris et nos villes de province.

Au xix\ :sup siècle, les nouveaux Capucins ont su à l'occasion, se montrer dignes de leurs ancêtres. Nous ne citerons, comme preuve, que le certificat suivant que leur décerna, le 28 juin 1878, la Société des Hospitaliers sauveteurs de Toulouse. Voici cette pièce :

Monsieur le Supérieur,

Dans l'incendie qui a eu lieu la nuit dernière dans le chantier de M. Cantareuil, marchand de bois, les Pères Capucins ont fait preuve de la plus grande activité et du plus grand dévouement. Songera-t-on à les en féliciter?

Comme on pourrait oublier de le faire, et attendu que l'un des buts de l'œuvre des Hospitaliers Sauveteurs est de reconnaître et de féliciter, partout où elle les voit, les actes de dévouement, j'ai l'honneur, au nom de notre Société, de vous transmettre, par cette lettre, l'expression des sentiments bien émus que la belle conduite des Pères Capucins a fait éprouver aux personnes qui ont pris part à l'organisation des secours.

Le Président, BRET.

Dès le xviie et le xviiie siècle les Capucins créèrent des pharmacies populaires. Dans leurs couvents on distribuait gratuitement des remèdes aux malades. Au xviie siècle, le Fr. Ange de Paris en établit une célèbre au couvent de Saint-Jacques et son talent le rendit recommandable à Louis XIV lui-même. Par ses ordres il soigna la dauphine Christine de Bavière, il fut envoyé en Pologne près de Jean Sobieski, en Bavière, à Cologne et enfin en Hollande, où il dirigea le service militaire de l'armée, commandée par le maréchal de Luxembourg.

Divers remèdes sont dus à l'invention des Capucins, entre autres le laudanum trouvé par le P. Rousseau.

Plusieurs, profitant de leur expérience, ont composé des livres de médecine. En 1639, après avoir soigné à lui seul plus de vingt mille pestiférés, le P. Michel-Ange de Guéret, écrivit un ouvrage intitulé : *Le bon malade.* En 1662, le P. Maurice de Toulon publia *Le*

Capucin charitable, après vingt-cinq années passées au service des pestiférés. Ce livre eut plusieurs éditions, et, en 1721, il fut encore réimprimé à Paris et à Lyon par les soins de la Faculté (1).

Nous ne pouvons même citer les divers établissements de bienfaisance ou les œuvres de charité établies au XIX° siècle par les Capucins. Nous citerons deux faits seulement d'un ordre différent.

Avant 1880, à Nantes, ces religieux avaient installé l'Œuvre des Soupes populaires. Chaque jour, pendant l'hiver, deux cents malheureux pouvaient venir chercher à leur porte le bouillon chaud et le pain nécessaires pour les faire vivre durant la mauvaise saison. La même œuvre se retrouvait dans tous les autres couvents.

La ville de Lyon, il y a peu de temps, a élevé un monument à la mémoire du célèbre P. Charles, le fondateur de l'hospice des sourds-muets de Vaise. Ce P. Charles était Capucin et l'un des premiers qui travaillèrent à la restauration ou du moins à la diffusion de l'Ordre en France.

3° *Les Capucins aumôniers de l'armée.*

En temps de guerre, comme en temps de paix, les Capucins avant la Révolution remplissaient, avons-nous dit, les services d'aumôniers militaires. Aujourd'hui, ils ne peuvent plus prétendre à ce poste d'honneur et de dévouement. Néanmoins en 1870, lors de la guerre, ils demandèrent tous la faveur de servir dans les ambulances.

Près de la moitié furent acceptés et partirent avec joie. Plusieurs moururent au service des varioleux, entre autres les PP. Simon, Mammès, Calixte, etc. Un cer-

1. Cf. *Mémoire pour la défense des Congrégations religieuses. Notice sur les Capucins.*

tain nombre allèrent jusqu'en Allemagne porter des secours et des consolations aux prisonniers, et se mirent à leur service. L'un d'eux, le P. Alphonse de Malbo, nous a raconté comment en Allemagne, à Coblentz, il avait seul la charge, au point de vue des secours spirituels, de 14.000 soldats français parmi lesquels 1.200 malades, atteints de la variole, de la fièvre typhoïde et de diverses maladies. Ceux qui restèrent servirent plus tard dans leurs couvents transformés partout en ambulances. A Paris, comme à Versailles, les couvents étaient devenus des hôpitaux entretenus par les soins et aux frais des Capucins.

En Savoie, trois ambulances fonctionnèrent pendant six mois dans les couvents des Capucins. A Thonon et Meylan, 3o malades, à Chambéry, 6o, parmi lesquels 5o typhoïdes furent confiés aux soins des religieux. L'administration militaire a consigné sa reconnaissance en des lettres pleines d'éloges.

Pendant l'armistice, l'aumônier du Mont-Valérien, un Capucin, se mit au service des malades du Val-de-Grâce. Il en avait 5oo à visiter chaque jour, parmi lesquels 80 à 100 varioleux. Quand les Prussiens eurent évacué Paris, il y reprit son poste; et si cette forteresse ne tomba pas aux mains des Communards, l'aumônier y contribua pour une large part avec le général Ducrot.

Au lendemain des expulsions de 1880, on fit appel au dévouement des Capucins pour aller assister nos soldats qui se mouraient sans secours religieux, décimés par le typhus, en Tunisie. Ils partirent nombreux et se rendirent aux ambulances de la Goulette et de Manouba. Ils suivirent nos soldats aux camps de Aïn-Draham, Tabarka, Fernana, à Béjà, Gardimahou et Gabès.

L'un des religieux, le P. Patrice, l'aumônier du Mont-Valérien, et plus tard aumônier en Tunisie, a reçu pour sa belle conduite jusqu'à trois médailles gagnées dans les camps et sur les champs de bataille.

4° *Les Capucins et les œuvres sociales modernes.*

Parmi les œuvres d'assistance exercées en nos jours par les Capucins, il faut mettre en premier rang les œuvres sociales. Aujourd'hui, ces œuvres sont plus appréciées que la charité elle-même. A ce point de vue nos religieux ne sont point restés en retard. Il nous sera facile de le constater.

La première œuvre sociale, au sens moderne, fut inventée et propagée par un Franciscain au xv° siècle. Les Monts-de-Piété, c'est-à-dire la forme la plus rudimentaire du prêt à intérêt légitime et juste, offrant une garantie suffisante et une rétribution honnête au prêteur mais exempt d'usure, furent imaginés, défendus, établis dans toute l'Italie par le B. Bernardin de Feltre. Par cette innovation, que condamnèrent les légistes et les théologiens étroits, mais que Rome sanctionna de son autorité, le peuple chrétien fut sauvé de l'usure juive et vit s'ouvrir devant lui la voie des grandes entreprises qui exigent de grands capitaux.

Au xix° siècle, un autre Franciscain, un Capucin, dont le nom est bien connu, le P. Ludovic de Besse, a voulu faire pour la France, sous une forme plus modeste assurément, mais dans le même ordre d'idées, ce que Bernardin avait réalisé, quatre cents ans plus tôt, pour l'Italie. C'est lui en effet qui, le premier, a révélé à notre pays, et développé par son initiative, les œuvres de crédit populaire et les Caisses rurales. Voici les principales phases de cette propagande nouvelle :

1° En 1877, le P. Ludovic fonde la première *Banque populaire* qui ait existé en France.

En même temps, au moyen d'une revue, l'*Union économique*, il appelle l'attention sur ce genre d'œuvres — et, au moyen de *Conférences*, il poursuit la fondation de banques populaires à Nevers, à Limoges, à Angoulême, à Saint-Chamond, etc.

2° Depuis 1886 jusqu'en 1894, époque de la première propagande des *Caisses rurales*, le P. Ludovic fait une active propagande pour faire connaître cette institution. Toutes les premières caisses rurales ont été fondées par ses disciples.

3° En 1889, au mois de mai, il fonde avec M. Rostand les *Congrès annuels* du Crédit populaire. Cette fondation avait été préparée par des conférences faites à Marseille en novembre 1886 sur le crédit populaire et sous la présidence de M. Rostand.

4° En 1892, le Gouvernement, après s'être rendu compte de l'importance de ces congrès, veut s'y faire représenter. Et depuis lors, chaque année, le Ministre du Commerce et celui de l'Agriculture y ont envoyé des représentants,

Les diverses lois votées sur le Crédit agricole ont été élaborées d'abord dans les Congrès du Crédit populaire.

4° En outre, le P. Ludovic de Besse a été appelé au Sénat devant la Commission chargée du *Projet de loi sur les Sociétés Coopératives*. On lui a demandé d'expliquer les articles sur les Coopératives de crédit, préparés au Congrès du crédit populaire, à Menton, en 1890.

5° Il a été appelé aussi avec M. Eugène Rostand devant la *Commission supérieure du travail* présidée par M. Jules Simon pour déposer sur les banques populaires. La Commission *n'a retenu* et *approuvé que sa déposition* et celle de M. Rostand.

6° Enfin, il a été nommé membre de la Commission de la classe 102 pour l'*Exposition de 1900*. Il s'est trouvé là avec MM. Ribot, Paul Deschanel, etc., chargé d'examiner les demandes d'admission pour les exposants de cette classe.

Avec le P. Ludovic et à sa suite, d'autres Capucins ont propagé activement le mouvement des Caisses rurales. On peut citer les PP. Joseph d'Arauzan et Michel-Ange. Sur les mille caisses rurales que possède la France, plus d'un cent doivent leur existence à l'initiative de ces deux religieux. En 1895, au Congrès de Tarbes, le P. Joseph d'Arauzan fut même désigné comme président d'honneur pour cette raison que, parmi tous les promoteurs de cette institution en France, il avait fondé le plus de caisses rurales.

Voici quelques-uns des résultats obtenus au moyen des Caisses rurales fondées par ce Capucin. Dans une petite commune rurale des Landes, la Caisse possède en ce moment 30.000 francs en circulation. Grâce aux avances consenties par elle, les métayers ont pu devenir propriétaires des attelages de bœufs et de mules nécessaires à la culture, et qu'ils devaient louer auparavant, à des conditions onéreuses, à des maquignons usuriers. Ils ont également, au moyen d'engrais et produits chimiques achetés avec les avances de leur Caisse, notablement amélioré leurs prairies et leurs champs.

Une autre Caisse d'une petite ville de l'Aveyron, avec 30.000 francs de circulation, sauve chaque année de la faillite sept à huit petits commerçants.

A l'Isle-Jourdain (Gers), petite ville de 4.300 habitants, la Caisse rurale ouvrière a fait circuler 83.000 fr. en 1901 et 99.000 francs en 1902.

Il en est partout ainsi, là où se fonde une Caisse rurale; par la solidarité et le crédit mutuel, les petits ouvriers, les petits commerçants, les laboureurs se protègent de l'usure et de la ruine. Et c'est le missionnaire Capucin qui est venu leur enseigner, leur apporter ce moyen de salut.

Un autre Capucin du couvent de Versailles, le P. Amédée, s'occupe du relèvement moral des ouvriers vagabonds ou abandonnés et de leur placement. Depuis moins de dix ans qu'il travaille à cette œuvre, il a donné ses soins à plus de 1.500 jeunes gens, et 400 environ répondant à ses conseils et à ses efforts, sont devenus des ouvriers honnêtes, laborieux, dignes de toute la confiance de leurs patrons. Plusieurs sont déjà à la tête d'une heureuse famille.

Nous nous bornerons à ces quelques faits. Ils suffisent à établir que les Franciscains ou Capucins savent adapter leur zèle aux besoins de leur temps et, malgré leur extérieur *moyen-âgeux*, se sont montrés par leurs œuvres d'assistance, en plein XIXe siècle, les vrais amis du peuple et ses intelligents défenseurs.

CHAPITRE V

Les Capucins missionnaires

Les Capucins et les Franciscains en général ont été les premiers à promouvoir les missions *françaises* à l'étranger.

L'établissement des missions françaises en Orient et en d'autres contrées du monde païen, au commencement du XVIIe siècle, est l'œuvre du célèbre P. Joseph, l'Éminence grise, un Capucin. C'est lui qui donna à nos missions ce caractère fortement *national* qu'elles ont conservé depuis lors.

Avant lui on trouvait des missionnaires de diverses nationalités dans la même mission, le P. Joseph voulut que tous les missionnaires travaillant dans les missions qu'il fondait fussent français.

Avant lui les Supérieurs des missions étaient indépendants de leurs Supérieurs de France. Le P. Joseph, avec la permission de Rome, les plaça sous la dépendance des Supérieurs français de chaque province religieuse.

C'est ce qui existe encore aujourd'hui; et c'est ce qui explique pourquoi, dans le tableau des missions des

Capucins dressé plus loin, on voit le partage des missions établi selon la division des districts religieux existant en France. Chaque district français a ses missions et ses missionnaires.

Nous allons dresser le tableau des missions des Capucins avant la Révolution et après la Révolution; il montrera plus éloquemment que tout discours l'importance de l'œuvre évangélisatrice entreprise par nos Pères.

ÉTAT DES MISSIONS DES CAPUCINS

AVANT LA RÉVOLUTION (1)

En Europe

A Lisbonne : deux hospices, l'un français, l'autre italien.
En Moscovie : à Moscou, à Astrakan, voisin de la mer Caspienne, et à Nisna en Ukranie.
A Constantinople : Péra et Galata.
Dans l'Archipel et dans la Grèce : Scio, Naxia, Andros, Athènes, Syra, Milo, Paros, Candie, la Canée.

En Asie

Dans l'Asie Mineure : Smyrne.
Dans la Géorgie : Tiflis, Gori, Ganges, Akaltsiké, au Mont Caucase.
En Palestine : Seide, Bairout, Damas, Gazer, Abeï, Tripoli-de-Soria et Solima.

---

1. Nous transcrivons ici les noms tels que nous les avons trouvés dans un manuscrit du xviii⁰ siècle. Chacun les interprétera facilement.

En Chypre : **Larnaca** et Nicosie.

En Syrie : Alep.

En Mésopotamie : Diarbékir, Amid, Mardin.

En Médie : Mossoul ou Ninive.

En Arménie : Tauris et Ecbatane.

En Chaldée : Bagdad ou Babylone.

En Perse : Ispahan.

Dans les Indes-Orientales : Surate et Guzzerat.

Sur la Côte de Coromandel : Madras ou le fort Saint-Georges, Pondichéry.

Dans la Tartarie méridionale ou Thibet : Lahssa capitale et Tahpo.

Dans le royaume de Napal (Népaul) : Battgao.

Dans le Béhar et le Bengal, province du Grand Mogol : Patna et Chandernagor.

En Afrique

En Égypte : au grand Caire.

En Barbarie : à Tunis, Farina et Bizerte.

Dans le royaume d'Angola : à Angola, Saint-Paul de l'Assomption, Massagan, Bengo, Caendecatambe.

Dans le royaume du Congo : Enzucco, Saint-Sauveur, Bambamoconde, Sundi, Bata, Encussogno, Embuilla, Quibanco.

Sur la ligne équinoxiale : l'île Saint-Thomas, le royaume de Benin, Ardra, Oucri, l'île du Prince et Bonan.

En Amérique

Au Brésil : à la baie de Pernambuc, à la rivière de Saint-François, Trappée, l'île de Saint-Félix, Uuarsacapia, Pambu, Varic, Achara, Roche de Saint-Pierre, Pacatubra sur la rivière des Comtes, Pernambuc, Reciffe, Taypu, Pianco, Breio, les Carrières neuves, Arraripe, Rive-de-Paix, Rio-de-Janeiro.

Dans les Indes Occidentales : aux îles de Saint-Christophe, de Saint-Domingue, de Saint-Barthélemy, à la Guadeloupe, à la Martinique, Cayenne, la Nouvelle-France, les Caraques (Caracas), Araguay (?), Armanie (?), l'île de la Tour, Grenade, Guaxara, Guarapicchie (Guarachippe), Nouvelle-Espagne, Corro-de-Marapima, Sabane-la-Grande, Sabanette, Mallaro et Guinée (La Guyane).

Le tableau synoptique ci-joint donne l'état *actuel* des missions confiées aux Capucins.

Constantinople, le Rajputana, Smyrne et la Crète sont desservis par le district de Paris.

Le district de Lyon exerce son apostolat en Arménie, en Mésopotamie, au Liban, Syrie (depuis 1903).

Le district de Toulouse est à Djibouti, en Abyssinie, aux Galla, au Kaffa et au Canada.

Les Capucins de Savoie sont aux Seychelles, à Mahé, Praslin, La Digue, etc., et au Rio-Grande du Brésil, à Portalègre, Comte d'Eu, Sperança, etc.

ÉTAT ACTUEL DES MISSIONS DES CAPUCINS FRANÇAIS

NOMBRE DES INFIDÈLES	NOMBRE DES CATHOLIQUES	MISSIONS	Églises et Chapelles	Missionnaires	Auxiliaires	Écoles	Élèves	Collèges et Séminaires	Élèves	Orphelinats	Orphelins
		Constantinople . . .	3	17	14	3	500	2	50	1	22
14.200.000	4.100	Rajputana des Indes	14	21	40	10	580	1	9	8	560
150.000	1.000	Smyrne.	7	18	»	2	75	»	»	»	»
320.000	2.300	Crète (1).	6	10	20	5	300	2	53	»	»
1.180.000	44.334	Arménie	6	12	36	10	1.069	»	»	»	»
		Mésopotamie	3	7	45	7	1.430	»	»	4	65
		Liban.	1	10	6	1	40	1	22	»	»
86.580	15.790	Syrie	12	25	44	115	3.226	1	130	1	9
2.000.000	11.000	Abyssinie.	14	21	17	9	140	3	160	3	60
		Canada	6	26	7	5	300	»	»	»	»
Quelques milliers	1.800.000	Rio-Grande (Brésil).	5	41	60	18	800	1	(?)	»	»
3.235	19.000	Seychelles.	21	17	80	22	2.000	3	300	1	70
17.939.815	1.897.524		98	225	369	207	10.460	14	724	18	786

1. Ces deux dernières missions possèdent des Pères du district de Paris, mais elles restent sous la direction des Capucins italiens.

La France à toutes les époques a *reconnu* et *réclamé* les services des Capucins comme missionnaires.

En ce qui concerne l'ancien régime, il suffira de dire qu'ils recevaient du Gouvernement pour leurs missions une pension annuelle considérable (12.000 francs), et que presque partout ils remplissaient auprès de nos ambassadeurs et consuls les postes d'aumôniers.

Du reste les nombreuses lettres de recommandation, qui leur furent accordées à diverses reprises par les anciens rois, sont un témoignage non équivoque.

Voici, entre autres, une des lettres de protection, qui leur fut octroyée par Louis XIII.

Louis, par la grâce de Dieu, roi de France et de Navarre, à tous ceux qui ces présentes lettres verront, salut.

La piété et dévotion des RR. PP. Capucins jointe à leur érudition et doctrine les ayant rendus recommandables, nous avons à cette occasion et pour la grande édification que reçoit le public de leurs salutaires instructions et conférences, pris soin de l'avancement de leur Ordre, même aux pays et contrées éloignées, et avons procuré par notre autorité leur établissement en plusieurs endroits du Levant, où désirant les maintenir, étant bien informé des fruits qu'ils y font depuis quelques années pour la gloire de Dieu.

Savoir faisons que Nous, pour ces causes et autres bonnes considérations à ce nous mouvant, avons dit et déclaré, disons et déclarons, par ces patentes signées de notre main, que nous avons pris, prenons et mettons en notre protection et sauvegarde les religieux Capucins qui sont au dit pays du Levant, ensemble leurs couvents, maisons et autres choses qui sont à leur usage, enjoignons à ce fesant à notre aimé et féal conseiller en notre Conseil d'État et notre ambassadeur au dit pays, le sieur comte de Cézi, ensemble aux Conseils de la nation française qui y sont par nous établis, leurs successeurs aux dites charges et autres qu'il appartiendra, d'avancer aux lieux où s'étend leur pouvoir l'établissement des dits religieux Capucins, soit pour avoir des monastères ou hospices, ou par voie de passage ou de demeure pour un

temps, et d'empêcher, autant qu'il leur sera possible, que les dits
Pères religieux ne soient molestés d'aucune personne, ni troublés
aux facultés qui leur ont été accordées à notre instance et prière
par N. S. P. le Pape pour le bon ordre et accroissement de leur
mission; voulons en outre que les Consuls de la dite nation française puissent loger, nourrir et admettre pour leurs chapelains les
dits Capucins ou autres religieux et personnes ecclésiastiques
qu'ils jugeront plus à propos pour leur consolation spirituelle,
sans que les religieux Cordeliers et autres se puissent attribuer ce
droit contre le gré et la volonté des dits Consuls; le tout, excepté
les Saints Lieux où les dits Pères Cordeliers ont des couvents et
monastères de plusieurs religieux formés et établis, dans lesquels
nous entendons qu'ils demeurent, car tel est notre plaisir.

En témoignage de quoi nous avons fait mettre notre sceau à ces
dites présentes et d'autant que d'icelles on pourra avoir affaire en
plusieurs et divers lieux, nous voulons qu'au *Vidimus* dûment
collationné foi soit ajoutée comme au présent original.

Donné au camp, devant La Rochelle, le 22 juillet de l'année 1628
et de notre règne le 19°.

Signé : LOUIS.

Et ensuite : *Pour le roi :* PHILIPPEAUX.

Les peuples évangélisés par les missionnaires Capucins ont également témoigné en faveur de leur zèle, de
leur prudence, et des services de toute sorte rendus par
leurs travaux.

Nous en citerons quelques exemples qui intéressent
plus directement la France.

Un Capucin français, le P. Anselme des Arcs, qui a
travaillé en Tunisie au commencement du xix° siècle
avant la conquête et a fait l'histoire de la mission (1) en
ce pays, rapporte le fait suivant bien significatif.

Il témoigne, d'un côté, du zèle continuel de la France

1. *Mémoires pour servir à l'histoire de la mission des Capucins
dans la Régence de Tunis.*

à intervenir en faveur de ses missionnaires; et, de l'autre côté, il montre la haute estime que les musulmans eux-mêmes professent a l'égard du missionnaire Capucin. L'influence acquise par le grand cardinal Lavigerie sur cette même terre devenue française n'a point éclipsé celle des Capucins, ses prédécesseurs (1).

« Le Consul de France, M. Charles de Lagau, fit en notre faveur, raconte l'historien, de bienveillantes démarches auprès d'Ahmed-Bey; elles furent appuyées par le comte Joseph Raffo, insigne bienfaiteur de cette mission. Le prince, se rendant à leurs prières, dispensa pour l'avenir de toute redevance annuelle le Vicaire apostolique et la mission. De plus, il accorda gratuitement l'emplacement de l'ancien Consulat d'Espagne, attenant à une église que nous desservons depuis 1839. Il fit don d'un terrain pour l'agrandissement du cimetière catholique devenu trop petit par suite de l'augmentation de la population chrétienne, qui afflua, lorsque la prise d'Alger par l'armée française eut assuré la sécurité des Européens dans les États barbaresques.

« Ahmed-Bey introduisit encore l'usage de défrayer généreusement l'évêque pour ses visites pastorales dans

---

1. En confirmation de cette remarque, et comme attestant bien vivement le respect et la vénération des musulmans pour le missionnaire Capucin, nous pouvons citer le fait suivant arrivé à celui même qui écrit ces lignes. A Paris, en 1900, il passait avec un autre religieux près des portes de la grande exposition. A ce même moment arrivait une bande composée d'une dizaine d'Arabes, drapés dans leurs burnous et la tête ceinte du turban. A la vue des deux Capucins, ils se livrent à de grandes démonstrations de joie, ils s'approchent d'eux, font leur grand salut, leur baisent les mains en signe de respect et essaient de faire comprendre qu'ils sont leurs amis, qu'ils les connaissent, qu'ils les ont vus dans leur pays lointain. Au milieu du grand Paris, où ils se sentaient si étrangers, la vue du Capucin avait rappelé à leur cœur le missionnaire, apôtre de l'Afrique; ils savaient, pour en avoir fait l'expérience, que sous sa robe de bure battait pour eux un cœur de frère, un cœur ami.

la régence. Il mettait à la disposition du prélat une de
ses voitures à quatre chevaux, escortée de quatre cava-
liers, et suivi de quatre serviteurs chargés du soin des
mulets et des bagages. Dans toutes les villes où l'évêque
devait passer ou s'arrêter, les kaïds avaient l'ordre de
pourvoir au logement et à la nourriture du prélat, de
ses compagnons et de tous les hommes et chevaux, —
ses cousins et successeurs ont jusqu'à présent continué
ces faveurs. »

De plus tous les missionnaires furent décorés du Ni-
cham.

Cette mission de Tunisie a été fòndée par les Franciscains :

« Le 25 août 1270, saint Louis, roi de France, mourait
à Tunis. Immédiatement après, son fils Philippe III,
surnommé le Hardi, remportait une victoire sur les
Tunisiens et concluait avec leur roi, kalife ou iman, un
traité composé de huit articles. Quelques-uns établis-
saient les conditions d'une trêve de dix à quinze ans.
Le troisième était en faveur des religieux et des prêtres;
en voici la teneur :

« Il sera permis aux moines et prêtres chrétiens de
« s'établir dans les États du Commandeur des croyants.
« On leur accordera un lieu où ils pourront bâtir des
« maisons, construire des chapelles et enterrer leurs
« morts. Ils auront la liberté de prêcher dans l'enceinte
« des églises, de réciter à haute voix les prières, en un
« mot de servir Dieu conformément à leurs rites et de
« faire tout ce qu'ils feraient dans leur propre pays. »

« Le texte arabe de ce traité est à la bibliothèque Im-
périale de Paris. Sa date est le 5 rabi-el-tani 669 qui
correspond au 20 novembre 1270. »

En Abyssinie les Capucins sont également très estimés du négus Ménélik et du ras Makonnen.

Dans son enfance le Négus fréquentait les missionnaires Capucins et les protégeait. Il apprit auprès d'eux l'amour de la France. L'ancien évêque capucin, Mgr Taurin, était son conseiller et son ami. L'évêque actuel a également toute sa confiance et ses faveurs. Une preuve non équivoque, c'est qu'il vient de lui permettre l'entrée de tous ses États du sud, fermés depuis des années. Bon nombre des enfants instruits par la mission sont à la cour de l'empereur ou remplissent des fonctions importantes dans les provinces.

Le ras Makonnen aime à se dire le collaborateur de nos missionnaires. Un de nos Pères, le P. Marie-Bernard, a su l'intéresser spécialement à sa léproserie. Cette œuvre est de fondation récente.

Ce Père Marie-Bernard était, avant de partir pour le noir continent, l'un des plus brillants prédicateurs de notre Province de Toulouse. Il y a deux ans à peine, il a dit adieu aux travaux de la chaire, dans lesquels il avait trouvé tant de succès et de consolations, pour aller en Abyssinie se consacrer au soin des lépreux. Aujourd'hui il est à Harar, au royaume de Ménélik, dans la province du ras Makonnen, il a réuni autour de lui deux cents lépreux. Il les nourrit et les soigne de ses propres mains. Après les avoir installés dans des abris provisoires, il s'occupe aujourd'hui de leur construire un immense hôpital.

Le ras Makonnen, digne appréciateur du vrai mérite, est devenu son admirateur, son ami. « Je veux que vous réunissiez ainsi tous mes pauvres », lui dit-il souvent. Il l'encourage, le visite, l'aide de ses présents.

Voici encore à ce même sujet ce qu'on écrit d'Abyssinie :

« Avant son départ pour la France le ras Makonnen est allé visiter les travaux de la léproserie. C'est son œuvre, il l'aime. Il est entré dans toutes les salles, même dans toutes les huttes où sont les lépreux, en attendant l'installation définitive. Lorsqu'il fut arrivé au milieu du bâtiment où se trouve une grande croix faisant la séparation du quartier des hommes d'avec le quartier des femmes, le P. Bernard l'arrêta et lui dit : « Ras, « voici votre insigne (il désignait la croix), et en haut, « continua-t-il, votre nom sera gravé. — Père, je suis « très heureux, répondit-il, continue, je serai ton aide, je « te donnerai de quoi faire un hôpital, une maternité. Je « veux que tu ramasses tous les pauvres dans les « rues. »

« Et il lui remit en même temps 600 thalers. Puis s'adressant au crasmach (celui qui devait le remplacer en son absence), il lui dit : « Tu enverras au Père la « paille nécessaire pour couvrir le toit. »

A Mgr Jarosseau, évêque de la mission, il a donné un tableau de la sainte Vierge sous le titre : *Mater admirabilis* et a dit en le donnant : « Voici celle qui vous gardera en mon absence (1). »

On pourrait citer les mêmes témoignages pour tous les pays où travaillent les missionnaires Capucins. Du reste, à ce sujet, le gouvernement peut interroger ses ambassadeurs et ses consuls. M. Lagarde, ambassadeur français auprès de Ménélik, télégraphiait à notre évêque capucin de Harar (avril 1902) « qu'il serait heureux de rendre pleine justice à la charité de nos missionnaires ».

1. *Annales Franciscaines,* 1902, p. 565.

Le Supérieur des Capucins de Paris a visité en 1903 la mission confiée à ce district au centre des Indes. Lors de son passage à Bombay, M. Vossion, consul de France en cette ville, lui attesta que, dans une lettre du 20 février 1902, il avait appuyé auprès de M. le Ministre des Affaires étrangères, notre demande d'autorisation, et l'avait entretenu des services rendus au bon renom de la France par la mission dont nous sommes chargés.

Ce n'était point là un témoignage de simple complaisance. La conduite des Capucins, spécialement pendant la grande crise que vient de traverser ce malheureux pays, le justifie abondamment.

Aux Indes, depuis 1899, sévit la terrible famine qui a décimé la moitié de la péninsule. La mission des Capucins se trouve sur le territoire le plus éprouvé. Là règne, toute l'année, une température qui varie entre 3o et 5o degrés ; point de pluies durant deux longues années (1899-1900). Pour ces peuples imprévoyants, l'absence de pluies, c'est la famine avec toutes ses horreurs, avec son cortège de maladies et de misère noire. Sur quatorze millions d'habitants, quatre millions ont péri. Dans certaines régions montagneuses, chez les Bhils, 40 et 60 % de la population a succombé. Des dix millions qui restent, les deux tiers sont entièrement à la charge de l'État ou des Missions européennes.

Durant cette crise les Capucins français n'ont épargné ni leur dévouement, ni leurs personnes. Toutes les ressources qu'ils ont pu recueillir ont été employées à distribuer le riz aux affamés, à établir des orphelinats pour les enfants abandonnés, à organiser un vaste hôpital. Ils ont eu à la fois jusqu'à un millier d'orphelins entièrement à leur charge.

Deux fléaux apportés du dehors sont venus les
visiter, la petite vérole et le choléra. Dans les camps
de famine, dressés par les Anglais, quand éclataient
ces terribles épidémies, il suffisait de quelques jours
pour tuer toute la population concentrée. En face
du danger les missionnaires français ont multiplié
leurs soins, leur vigilance, et ils ont pu sauver la
plus grande partie de leurs enfants. Mais ce n'a pas été
sans de rudes sacrifices, ç'a été, on peut le dire en toute
vérité, au péril de leur propre vie : deux missionnaires et
sept Sœurs ont été emportés par le terrible fléau. Les
autres ont échappé à la mort, mais non à la maladie, et
ils n'ont survécu que par une sorte de miracle. « Oh !
que je sois la dernière frappée », s'écriait une des religieuses en mourant.

Au Brésil et au Canada, l'action des missionnaires
Capucins n'est pas moins importante pour les intérêts
français. Dans la Nouvelle-France ils entretiennent
vivant le souvenir de la mère-patrie. Dans l'Amérique
latine, terre classique du commerce français, ils affer-
missent les liens si étroits qui relient, de temps immé-
morial, ce pays au nôtre. Pour apprécier leur action en
cette contrée, il suffira de dire qu'ils sont, en ce moment,
quarante religieux disséminés sur le Rio-Grande, au
milieu de 3oo.ooo colons venus d'Italie, de Belgique, de
Pologne, d'Espagne, et de 1.5oo.ooo indigènes catholiques presque abandonnés. Ils ont entraîné à leur suite
trente Frères Maristes et soixante religieuses de Saint-
Joseph de Moûtiers. Ils forment le clergé du pays.
Mgr l'évêque de Porto-Alègre vient en effet de leur
confier la direction de son grand et de son petit séminaire. Les écoles primaires au nombre de 18, fondées

hier, ont déjà 600 élèves ; 4 collèges réunissent 350 jeunes gens. Les Maristes sont en train de devenir directeurs d'école normale. Avant l'arrivée des Capucins, il n'y avait pour les colons qu'un petit nombre de prêtres venus avec les émigrants. L'apparition des religieux français a été pour tous et spécialement pour les indigènes une joie immense. « Pères, restez avec nous, répètent souvent ces pauvres chrétiens, le Brésil n'est-il pas la France de l'Amérique du Sud. » — « Si votre gouvernement voulait, disait à un missionnaire un gouverneur de province, le Brésil serait pour la France comme une belle et immense colonie. »

Les Capucins de Savoie vont entretenir ces précieuses sympathies du peuple brésilien pour notre pays.

Avant d'occuper cette vaste région, ils avaient évangélisé le diocèse de Saint-Paul. Là encore ils ont introduit les mêmes Sœurs de Saint-Joseph. Celles-ci, au nombre de deux cent dix, dans de magnifiques pensionnats, instruisent quatre mille six cents élèves, l'élite de la jeunesse, dans l'esprit et la langue de notre pays. On peut donc dire que le Brésil, dans d'immenses régions, est imprégné de l'esprit français par l'action et l'influence des Capucins français.

Une autre mission également importante est celle des Seychelles. A mi-route entre Aden et Madagascar se trouve un groupe d'îles habité par une population active et courageuse. Les mœurs, *la langue*, la religion, le caractère, tout rappelle la France, qui fut autrefois la mère-patrie. Aujourd'hui et depuis cent ans ce pays appartient aux Anglais. Mais jamais ces populations n'ont voulu se laisser absorber par la nation dominatrice, se laisser envahir par l'esprit saxon. Qui donc soutient les Seychellois dans cette fidélité séculaire ? Le missionnaire Capucin et ses dignes auxiliaires, les Petits Frères de Marie, et les Sœurs de Saint-Joseph, tous venus de nos provinces françaises. Ils ont fondé là-bas comme un nouveau Canada, où l'on voit s'harmoniser dans les mêmes cœurs la fidélité à la nation conquérante avec l'amour, le culte de l'ancienne patrie.

CHAPITRE VI

La Mission des Capucins chez les Galla
en Abyssinie.

L'introduction des Capucins en Abyssinie a été l'œuvre du célèbre cardinal Massaïa, capucin italien. Toutefois le véritable promoteur de cette entreprise a été un Français, M. Antoine d'Abbadie. C'est à la suite d'un rapport adressé par cet explorateur chrétien à la Congrégation de la Propagande que la création de cette mission fut décidée.

Mgr Massaïa partit en 1846. Le récit de ses travaux a été écrit dans un grand ouvrage composé de sa main : *Mes trente-cinq années de missions.*

« Nous fûmes cinq ans, écrivait Mgr Massaïa, en 1863, aux *Annales de la Propagation de la Foi*, à chercher un passage qui nous permît d'aborder le coin de la vigne que la divine Majesté confiait à nos labeurs. Ce temps de tâtonnements ne fut pas entièrement perdu : les missionnaires destinés aux pays Galla fondèrent pendant ce temps les missions d'Aden et des îles Seychelles, confiées jusqu'à présent à des religieux de notre Ordre. Ils travaillèrent ensuite sur un troisième point,

qui est devenu une mission d'avenir, nous l'espérons :
il s'agit de l'île de Zanzibar. Après cette première
épreuve nous pûmes atteindre, en 1851, notre vicariat
apostolique. »

Nous ne pouvons donner ici même un simple aperçu
des travaux du courageux apôtre. Nous dirons seulement qu'il fonda dans le pays Galla de nombreuses et
importantes chrétientés. Par ses bienfaits, et, entre
autres, par l'introduction de la vaccine, il gagna la confiance des peuples (1). Il devint le conseiller des rois.
Par sa science, sa prudence, l'aménité de sa conversation, la sagesse de ses conseils et surtout la sainteté de
sa vie, il acquit un ascendant extraordinaire sur toutes
ces populations, si défiantes à l'égard des étrangers. Le
prince de Goudrou, Gara Moras, le roi du Tigré, Oubié,
celui de Kaffa, quoique musulman, le prédécesseur de
Théodoros en Éthiopie, le ras Ali, et surtout Abba Baghibo, roi de l'Enneréa, d'autres princes encore se trouvaient honorés de son amitié et lui accordèrent, au moins
au début, leurs faveurs et leur protection.

Plus tard, il est vrai, la haine des Musulmans, qui
voyaient dans cet étranger un ennemi de leur domina-
tion, et aussi la jalousie des prêtres schismatiques abyssins, suscitèrent de terribles persécutions ; mais le cœur
des populations indigènes et l'estime des princes persé-
cuteurs eux-mêmes demeurèrent toujours inviolable-
ment attachés aux missionnaires Capucins.

En 1861, les missionnaires, à l'instigation des Musulmans et malgré les répugnances du roi, furent expulsés
du Kaffa ; ils se réfugièrent auprès de Baghibo, roi de
l'Ennéréa. Une belle mission s'était développée dans ce
pays. Le roi reçut l'évêque catholique avec joie, l'em-

---

1. Cf. *Une Mission en Éthiopie*, par le T. R. P. Alfred de Carouge, p. 115.

brassa à plusieurs reprises, et après avoir écouté le récit de ses aventures au Kaffa et de son exil, il le consola par ces belles paroles :

« Votre cause est celle de Dieu, cela suffit pour être assuré de son triomphe. Vous avez de grands ennemis à Kaffa et ailleurs, mais soyez assuré que leur haine ne concerne pas votre personne, mais bien la foi que vous annoncez et la morale que vous prêchez. S'ils comprenaient la sublimité de votre mission et l'utilité qu'ils en retireraient, ils agiraient bien autrement. Mais ce sont des aveugles, comme je le suis moi-même sous certains rapports. Quand je pense à tout ce que vous avez fait jusqu'à présent et à la fin sublime qui vous a conduit parmi nous, j'en suis confus. Dans le cours de ma vie j'ai vu beaucoup de choses merveilleuses, mais celles que votre Dieu sait opérer surpassent tout. Après ce qui vous est arrivé, vous n'avez qu'à attendre. Kaffa vous réclamera; ne croyez pas que le roi soit votre ennemi; au contraire, il vous estime, il vous aime, il vous admire, mais la constitution de son gouvernement lie sa volonté, il a dû courber la tête et consentir à votre exil (1). »

Le bon prince exprimait bien par ces paroles les vrais sentiments qui remplissaient les cœurs.

Quelques mois plus tard Abba Messias, (c'était le nom abyssin de l'évêque catholique), se rendant en Europe, eut une entrevue avec le féroce Théodoros, le négus abyssin. Par l'ascendant de sa vertu, par la sagesse de ses réponses. il sut gagner la confiance du tyran ; et celui-ci voulut le retenir auprès de lui, en faire son conseiller et l'établir à la tête de l'Église abyssine à la place de l'Abouna Salama, qui déshonorait par sa conduite la dignité de chef de la religion chrétienne en ce pays.

1. Cf. *loc. cit.*, p. 180-181.

« Ah! disait cet empereur, si j'avais eu près de moi un tel conseiller au lieu de l'impie Salama, j'aurais appris à subjuguer les esprits en même temps que je m'assujétissais les corps. Je serais maître absolu de l'Abyssinie, je la posséderais en paix et j'en aurais fait le bonheur. »

L'évêque refusa une telle proposition, irréalisable dans l'état des mœurs abyssines. Néanmoins il donna ses conseils à l'empereur, et celui-ci, sachant que l'évêque devait prochainement se rendre en Europe, le chargea de porter à l'empereur Napoléon ses salutations amicales et de demander son alliance. Les lettres de cette ambassade et les derniers ordres de Théodoros devaient être expédiés à Massouah.

La dernière entrevue de l'évêque et de l'empereur mérite d'être rapportée. Mgr Massaïa s'était mis en route, et déjà il était loin du camp de l'empereur. Celui-ci envoie un exprès lui ordonnant de retourner de suite à son camp. L'évêque obéit et revient sur ses pas. Dès que l'empereur l'aperçut : « Excusez-moi, dit-il, si je vous ai fait revenir, je désire qu'avant de partir vous me bénissiez, moi et tout ce pays, car j'ai un pressentiment que nous ne nous reverrons plus. »

L'évêque, ému, leva la main, donna sa bénédiction ; puis, sans mot dire, s'inclina et sortit, les larmes aux yeux. Ces deux hommes ne devaient plus en effet se revoir.

Quelques années plus tard (1868), les Anglais, pour venger une injure faite à leurs nationaux, envahirent l'Abyssinie. Assiégé à Magdala, abandonné de son peuple qui le détestait, sur le point d'être pris, Théodoros se fit sauter la cervelle. Les vainqueurs le trouvèrent étendu, tenant encore l'arme homicide (1).

---

1. Cf. *Une Mission en Abyssinie*, par le P. Alfred de Carouge, p. 212.

Pendant ce temps, l'évêque catholique s'était rendu en Europe. Il venait chercher des missionnaires et des ressources. Les lois italiennes avaient dissous les Congrégations religieuses dans son pays d'origine, il avait dû s'adresser à la France.

L'Ordre des Capucins en France, à la suite de la révolution de 1848, avait obtenu la liberté d'exister. Il était dans toute l'ardeur de sa jeunesse, les apôtres s'offrirent généreux. D'un autre côté l'empereur était à l'apogée de sa puissance et promettait de soutenir la propagande des missionnaires. Une première caravane, partie de France le 19 octobre 1863, emmena trois religieux (1) ; elle se croisa en chemin avec Mgr Massaïa, parti de Massouah en janvier 1864.

En 1863, douze ans après l'arrivée des missionnaires, voici la statistique de la mission. Il y avait une chrétienté au *Goudrou,* avec une centaine de chrétiens adultes. A cause de la persécution, ils se trouvaient sans prêtres, mais étaient demeurés fidèles. Au *Gammara,* plus de cent familles avaient embrassé la vraie foi ; au *Nonno* il y avait un petit noyau d'une douzaine de fidèles ; au *Néréa,* cinquante familles, au *Ghéra,* plus de deux cent cinquante personnes; au *Kaffa,* plus de quatre cent cinquante adultes avaient reçu le baptême (2).

Après deux ans passés en France, Mgr Massaïa reprit

1. Le P. Dominique de Castelnaudary avec le titre de pro-préfet et les PP. Félix de Fiancey et Exupère de Perpignan. Le 29 novembre 1866, deux nouveaux apôtres s'embarquèrent : les PP. Taurin et Ferdinand.

2. Voici le nom des principales stations : Asandabo, capitale du Goudrou, Kobbo, Amélia, Loya et le Kutaï. — Lagamara, — Saka, capitale de l'Ennéréa. — Ciala, capitale du Ghéra et Afallo, — Chiap et Tadmaïa, dans le Kaffa; puis Cioma, Gombo, Giarri, Nonno, — Billo. — Cf. *Une Mission en Éthiopie,* par le P. Alfred de Carouge, pp. 151, 154, 155, 163, 170.

le chemin de sa mission ; mais il résolut de suivre la route du Choa. Le Choa était gouverné par un jeune souverain du nom de Ménélik. Il connaissait les préparatifs de l'armée anglaise qui, en peu de mois, allait amener l'effondrement de la puissance de Théodoros. Inquiet sur le succès de la lutte, il voulait être renseigné sur la puissance des Anglais. De plus il avait vu Abba Messyas lors de sa grande entrevue avec Théodoros ; il se souvenait de la parole de ce dernier : « Ah ! si j'avais eu auprès de moi un tel conseiller, j'aurais appris à conquérir les cœurs de mes sujets en même temps que je domptais les corps ! » Il voulait utiliser à son profit les trésors de sagesse qu'il savait cachés au cœur de l'évêque catholique.

Dès son arrivée à Zeïla, Mgr Massaïa fit donc parvenir, par l'entremise du gouverneur égyptien Abou-Beker, une lettre à Ménélik pour solliciter le passage par ses États. La réponse ne se fit pas attendre. Ménélik se montrait heureux de recevoir les missionnaires.

Voici cette lettre (1) :

« Lettre du roi des rois Ménélik, écrite au seigneur Père Massaïa. Comment te portes-tu ? Es-tu dans un état prospère ? Moi je suis bien, et toute ma maison est en bonne santé. J'ai reçu la lettre que tu m'as envoyée par un homme de la côte. Je t'aime de la même cordiale affection que tu as pour moi ; c'est pourquoi aussitôt que tu le pourras, viens à moi. Et j'ai envoyé à mon Hadji-Abu-Beker l'ordre de t'envoyer à moi sain et sauf ; nous conférerons ensemble de toutes choses conformément à nos désirs. J'ai envoyé mon homme sur la côte ; tu apprendras de lui tout ce qui me concerne ainsi que ma maison ; interroge-le et il t'apprendra tout. Que Dieu te conserve. »

1. Cf. *Annales Franciscaines*, 1867-1868, p. 98.

Sous la sauvegarde de Ménélik, le voyage se fit promptement. Et, sans accidents, nos missionnaires arrivèrent au Choa.

« Le 11 mars 1868, écrit Mgr Massaïa (2), j'étais à la résidence royale de Litché ; le roi Ménélik nous y reçut avec la plus grande bienveillance. C'est un jeune prince, ami de la justice et de la vérité. Il a à faire oublier à son pays les désastres causés par l'occupation de Théodoros dont lui-même fut prisonnier. Il a manifesté l'intention que je reste quelque temps dans ses États. J'en profiterai pour l'aider dans ses désirs du bien et pour prêcher l'Évangile. »

Comme avait fait autrefois Théodoros, le roi de Choa voulut établir l'évêque catholique à la tête de son Église nationale. Celui-ci réfléchit et pria pendant deux jours, puis refusa de nouveau. Il se souvenait sans doute des tentatives analogues accomplies au xvie et au xviie siècle par d'autres missionnaires et qui avaient eu un résultat si lamentable. Le catholisisme, en effet, pour s'implanter dans un pays, d'une manière durable et fructueuse, doit y être introduit d'abord par la seule vertu du sacrifice. La protection des rois ne doit venir qu'après. C'est cette loi d'évangélisation qu'enseignait Jésus à la veille de sa Passion, quand il disait : « Celui qui frappera de l'épée périra par l'épée. » Tout édifice religieux fondé sur la force périra par la force.

La lettre suivante écrite par le P. Ferdinand contient encore un bel éloge de Ménélik :

« Nous sommes arrivés au Chawa (1868). Notre voyage s'était effectué avec une rapidité étonnante pour le pays. Après avoir attendu pendant trois jours les ordres du roi, nous nous remîmes en route pour Litché, sa résidence ordinaire, où nous reçûmes une généreuse

1. Lettre datée du 23 octobre 1868. — *Annales Franciscaines*, 1869-1870.

hospitalité ; nous fûmes traités en tout d'une façon vraiment royale, autant que cela peut se dire dans ces contrées.

« ... Mgr Massaïa entretint le roi du but de notre voyage, qui était l'évangélisation des Galla. Le roi, qui s'appelle Ménélik, est âgé de vingt-quatre ou vingt-cinq ans ; il est petit-fils de Sala-Salassié, qui régnait lors du voyage de Rocher-d'Héricourt dans ces contrées. Je puis, en toute vérité, dire que, jusqu'à ce jour, nous n'avons qu'à nous louer de lui et qu'il nous donne lieu d'admirer ses grandes et belles qualités. Il s'est montré favorable à notre projet ; seulement, comme il tenait probablement à nous garder, il nous a invités à choisir parmi les tribus gallas *qui lui sont soumises,* celles à qui nous voudrions d'abord porter la lumière de l'Évangile. »

Mgr Massaïa dut rester à Litché auprès de Ménélik ; il y exerça un fructueux apostolat. Mgr Taurin, avec la protection du roi, se rendit à Finfinni, en pays galla, et y établit une station. La lettre suivante, écrite le 14 octobre 1868, en fait foi :

« ... Actuellement je suis en pays Galla avec Ghebra-Mariam. Le P. Ferdinand est encore à Litché avec Mgr Massaïa et Stephanos ; j'espère qu'il me rejoindra dans quelques jours, tandis que Mgr Massaïa restera près du roi à Litché, pour aider de ces conseils les hommes de bonne volonté qui tendent à revenir à l'unité de la foi.

« Finfinni où je suis est au centre des pays Galla de l'obéissance du roi, dans la tribu de Galulé, à quatre jours de marche de la résidence royale. Sur la demande de Monseigneur, qui désirait établir le plus tôt possible une station de missionnaires au pays Galla, c'est le roi lui-même qui, avec la plus grande bienveillance, a désigné cette contrée.

« J'y fis une première visite en juillet dernier et, conformément aux ordres du roi, je fus très bien reçu partout.

« J'arrive maintenant avec l'ordre du roi d'y faire les constructions qui nous sont nécessaires. »

Deux autres lettres du même missionnaire, écrites en 1869, attestent encore la bienveillance de Ménélik. La première est du 3 avril :

« La bienveillance du roi continue à ne pas nous faire défaut ; il a pourvu lui-même jusqu'ici à la grande partie de nos dépenses (1). »

La seconde est du 15 octobre (2) :

« Monseigneur, avec l'agrément et l'aide du roi, a fondé en ces pays Galla du Chawa (Choa) une station de missionnaire. J'y suis depuis octobre 1868 avec le P. Ferdinand. Le roi, toujours très bienveillant, nous a bâti une maison et donné un terrain ; jusqu'ici il a bien voulu pourvoir à notre nourriture. Que Dieu le récompense de ces bienfaits, en lui venant en aide dans l'administration de son royaume et en accordant à ses peuples la plus grande prospérité spirituelle et temporelle. »

Pendant dix ans, grâce à la faveur constante de Ménélik, la mission prospéra, les stations se multiplièrent et une riche moisson de fidèles se préparait pour la récolte. Mgr Massaïa et avec lui Mgr Taurin, sacré évêque et coadjuteur du prélat italien depuis 1875, étaient les conseillers favoris du monarque abyssin ; rien d'important ne se faisait sans leur conseil et leur avis. Les lettres des missionnaires signalent sans cesse ce rôle glorieux de leur Père vénéré :

« Mgr Massaïa (doit) revenir à Aiman, écrit le 28 février 1874, le P. Louis de Gonzague, prendre un peu de repos

1. *Annales Franciscaines*, 1869-1870, p. 129.
2. *Ibid.*, p. 384.

et aussi parce que le roi Ménélik le veut près de lui pour se servir de ses conseils. »

En juin 1869, le P. Taurin obtint la grâce de toute une contrée qui s'était révoltée contre Ménélik. Dans presque toutes les stations, les religieux et les prêtres étaient entretenus aux frais du roi. De son côté le nouveau négus, Ati Joannès, semblait favorablement disposé. En 1873, le P. Louis de Gonzague se rendait de Massaouah auprès de Mgr Massaïa, il dut en passant faire visite à l'empereur. L'accueil qu'il reçut fut des plus gracieux :

« Le roi était environné de ses principaux officiers, assis sur un tapis de soie, mais vêtu assez simplement. Il me tendit la main, me demanda où j'allais, quoiqu'il le sût déjà par les lettres du consul français, puis me dit qu'il m'enverrait au Choa ; mais il m'engagea à me reposer d'abord quelque temps. Je le remerciai de mon mieux et il me congédia. Peu après, sur son ordre, arriva pour moi le présent royal, un gombo de Tedje, trente pains, une vache et diverses autres choses. Comme je n'avais pas de bonne tente, il me prêta une des siennes, celle qui lui sert, dit-on, à faire sa prière, quand il voyage. »

Le missionnaire offrit à son tour à l'empereur le présent d'usage, une pièce de soie et un fusil. Celui-ci, en les acceptant, lui dit ces belles paroles : « Je ne recherche pas tes présents, mais ton cœur, ton âme, ton amitié. »

Puis, en le congédiant, il lui remit des lettres de recommandation dont il avait lui-même dicté les termes : « *Le sang de cet Européen est mon sang*, disait-il, ses biens sont mes biens, ses serviteurs sont mes serviteurs. Si quelqu'un y touche en quelque manière, j'irai aux informations et j'en tirerai vengeance (1). »

1. Cf. *Annales Franciscaines*, VIII, p. 580 et 607.

Quoique les missionnaires ne pussent rentrer au Kaffa, ils pouvaient cependant en soutenir les chrétiens et visiter les diverses missions situées en pays Galla.

Ces missions existaient toujours en effet. Bien que ballottées par de nombreuses tempêtes, elles se conservaient et même se développaient. Les prêtres indigènes formés par les missionnaires allaient là où ceux-ci ne pouvaient pénétrer.

La lettre suivante de Mgr Taurin, écrite le 7 juin 1873, va nous montrer les luttes pénibles mais courageuses de ces chrétientés.

« Le Galla est batailleur, souvent même des rivalités de famille divisent la tribu. Alors malheur aux établissements qui se trouvent sur les limites des opérations militaires! Ainsi a péri en 1865 la mission de Lagamara; ainsi ont péri plus récemment les deux maisons du Goudrou... Mgr Coccino errant avec ses prêtres et ses élèves, réfugié auprès d'un petit prince Galla à Gobbou a passé plusieurs années dans une misère extrême...

« La maison de Ghera, où est le R. P. Léon, et de Kaffa, où réside Abba Michaël Haylou, n'a point eu à souffrir... Le roi de Gimana, Abba Gifar, quoique musulman, demande des prêtres pour une population chrétienne, dite Garo, qu'il a soumise ces derniers temps. »

Enfin, suprême consolation pour les missionnaires, en 1878, Ménélik envoya au nouveau pape, Léon XIII, une lettre autographe et de riches présents. Mais ce fut comme la fin des faveurs accordées aux catholiques. Les derniers jours de cette année, en effet, furent marqués par la guerre entre le roi du Choa et le négus d'Abyssinie, Ati Joannès, le successeur de Théodoros. Ménélik, le roi de Choa, n'osa se mesurer avec son terrible rival; il consentit à payer tribut et fit la paix. Mais

____

1. *Annales Franciscaines*, VIII, p. 552.

parmi les conditions de paix, il y avait l'expulsion des missionnaires catholiques. Ati Joannès, en effet, attribuait à ceux-ci, bien à tort à la vérité, le peu d'empressement, ou mieux le refus de Ménélik à le soutenir dans sa guerre avec l'Égypte. Il leur faisait expier ce crime imaginaire.

Voici en quels termes le T. R. P. Dominique de Castelnaudary, par une lettre du 1er novembre 1879, dépeignait cette nouvelle situation :

« La première conséquence (de la capitulation de Ménélik) a été de subir la pression de l'aristocratie du pays sur laquelle il a besoin d'appuyer ce qui lui reste d'autorité. Et comme cette vieille aristocratie a toujours manifesté, souvent même par la persécution ouverte, son hostilité à la religion catholique dont elle est l'ennemie irréconciliable, elle a contraint Ménélik à porter d'abord un édit par lequel tous ses sujets Gallas qui sont nombreux seront obligés de se faire baptiser par les prêtres schismatiques de ses États...

« Une seconde conséquence a été pour le roi de se sentir pressé de chasser de ses États les missionnaires, en possession jusque-là de la prépondérance dans ses conseils. Auparavant, bien que souvent il ait refusé de suivre leurs avis pour courir aveuglément à sa perte, il ne voulait rien décider de grave et d'important sans les consulter (1)... »

L'année 1879 allait amener l'expulsion des missionnaires. L'empereur ordonna de les lui envoyer « à Dabra-Tabor, écrit Mgr Taurin le 29 octobre, sous le spécieux prétexte de conférences, dont le résultat pouvait être une mission diplomatique en Europe. Bien que nous soupçonnions un piège — comme ici ce qui n'est point

1. *Annales Franciscaines*, XI, p. 493.
1. *Ibid.*, XI, p. 557.

fait de bonne grâce est fait de force — nous nous remîmes entre les mains des hommes qui devaient nous conduire honnêtement à Ati Joannès. En Europe, c'est ce qu'on appelle être conduit de brigade en brigade.

« C'était la saison d'hiver pour ces contrées : ce n'était donc que pluie et boue. Partis fin de juin, nous arrivons le 6 août à Debra-Tabor. Là disparut toute illusion. L'empereur, assis sur son trône, au fond d'une salle et, nous tenant debout tous les trois à la porte, nous signifiait que nous eussions à passer l'hiver près de lui; que, l'hiver passé, nous retournerions dans notre pays. C'est ce qui eut lieu le 3 octobre, veille de la fête de notre Père saint François. »

Mgr Massaïa revint en Italie, sa patrie, où il fut honoré de la pourpre cardinalice et mourut le 6 août 1889. Son coadjuteur, Mgr Taurin, resta, pour attendre les événements, à Aden. « De là disait-il, dans la même lettre, j'entendrai les nouvelles du Choa, et je profiterai des connaissances que j'ai des tribus Gallas au sud-est de l'Arrach pour tenter l'accès par Herrer, dans le désert des Somalis. » Et il ajoutait ce vœu touchant, qui était une prophétie :

« Pauvre mission Galla ! Toutefois tant que j'aurai un souffle, Dieu me garde d'épargner le peu de vie qui me reste ! dussé-je mourir sur le seuil !... Priez donc Dieu pour moi. »

Les Capucins avaient fondé au royaume de Ménélik quatre importantes stations : Litché, la capitale, Finnini ou Bibersa, Esha et Aman.

Moins de deux ans après son expulsion, le 18 avril 1881, Mgr Taurin entrait à Harar, ville musulmane enclavée en pays Galla. Il était bien aux portes de sa mission, attendant le moment d'y rentrer. Ce moment ne vint jamais pour lui. Il dut se contenter de fonder des stations qui le rapprochaient de plus en plus

de la terre promise. Mais il ne put y pénétrer, si ce n'est
pour de courtes visites aux chrétiens restés fidèles. Il
mourut le 1er septembre 1899 au couvent de Carcas-
sonne, dans un de ses voyages en France.

Cette disgrâce du vaillant apôtre semble avoir été
personnelle. Plusieurs de ses compagnons de travaux
purent en effet se maintenir en plein pays galla longtemps après l'expulsion de Mgr Massaïa et de Mgr Taurin. Mgr Coccino resta à Lagamara, puis au Kaffa
jusqu'à sa mort survenue en 1878; le P. Léon des
Avanchers mourut également au Kaffa, en 1879; le
P. Ferdinand évangélisa le Choa jusqu'en 1882. Il fut
alors expulsé; mais, l'année suivante, Mgr Lasserre
(le P. Louis de Gonzague, fait évêque en 1882) put venir
le remplacer; de sorte que les missionnaires français
n'abandonnèrent jamais complètement le pays.

Voici le dénombrement des principaux villages, des
principales villes évangélisés par Mgr Taurin et ses
compagnons, et la liste des stations établies par eux :

En 1881, Zeïla, Berbera, Harar; Obock, en 1882-1884.

En 1883, Mgr Lasserre rentre au Choa et Ménélik
l'établit à Alinamba. Pendant ce temps, Bubbasa, Gido-
Lala, Awalé, Bio-Midagdon, Lamé, Bareket, Mont-
Offi, aux environs de Harar, reçoivent les messagers de
la bonne nouvelle.

En 1885-1886, par ordre d'Atti-Joannès, les missionnaires sont expulsés du Choa; l'émir de Harar, qui
a succédé au gouverneur égyptien, les chasse également
de son territoire. Mais, dès 1887, Ménélik s'empare de
Harar et rappelle les Pères. Ceux-ci, après la mort
d'Atti-Joannès, en 1889, rentrent au Choa. Les stations
anciennes sont restaurées, d'autres sont fondées ou
visitées : Menso, Dadesa, Tchulul (1889), Bilalou, Lafto,
Leka (1890-1891), Sourré (1892), Minné (1898).

Beaucoup de ces stations furent provisoires; aujourd'hui sept sont encore desservies par les religieux français : Harar, Awallé, Bilalou, Lafto, Sourré, Minné et Djibouti. Cette dernière station a remplacé celle d'Obock en 1896. D'autres stations plus nombreuses sont desservies par des prêtres indigènes.

La joie de voir rouvrir toutes grandes les portes du pays galla et tomber les barrières insurmontables qui avaient depuis vingt ans interdit l'accès du Kaffa, était réservée à Mgr Jarosseau, le successeur de Mgr Taurin.

Le 2 février 1902, ce prélat écrivait en effet de Harar au P. Exupère de Prats-de-Mollo :

« Le bon Dieu a comblé nos plus chères espérances. La voie du Kaffa nous est ouverte. Sa Majesté toujours bienveillante à notre égard, a fait le meilleur accueil à notre supplique. Il est vrai de dire (et c'est ce qui lui donne un plus grand prix) que c'est par les mains de Son Altesse le ras Makonnen qu'elle lui est parvenue.

« C'est le 6 janvier, jour des Rois, que le roi des rois d'Ethiopie nous a octroyé cette faveur, qui vient d'un seul coup briser l'ostracisme qui nous tenait depuis quarante-cinq ans séparés de cette pauvre et si intéressante chrétienté du Kaffa.

« Que Notre-Seigneur, qui nous console si abondamment dans nos travaux, soit mille fois glorifié. »

Mgr Jarosseau a voulu rentrer le premier sur cette terre autrefois bénie. Il a été reçu par l'enthousiasme de la population tout entière. Le roi du Kaffa, il est vrai, pressé par les prêtres schismatiques, a prétendu interdire à son peuple, sous les peines les plus sévères, tout rapport avec l'évêque catholique. Mais ce dernier en a appelé au tribunal du négus. L'évêque et le roi ont comparu devant Ménélik, et celui-ci a maintenu, en faveur du prélat français, la permission donnée. On dit même que Ménélik aime à s'entretenir avec Mgr Jarosseau de notre foi et de nos dogmes et que son cœur se rapproche de plus en plus de l'Église catholique.

La mission d'Abyssinie, après cinquante ans d'épreuves, s'ouvre donc à l'espérance. Puissent les travaux semés dans les larmes germer enfin une abondante moisson de chrétiens (1).

1. En poursuivant leur œuvre d'évangélisation, nos missionnaires n'oubliaient pas les intérêts de la France. La note suivante de M. d'Abbadie, conservée à la Bibliothèque nationale (nouv. acq. fr. 10.222 et 10.223), nous montre l'évêque capucin, Mgr Massaïa, négociant dès 1848 l'acquisition de Zeïla au nom de notre pays.

« Zel'a demanda en 1848 une occupation nominale par la France. Sarmarka fit cette demande et vendit une maison à Monseigneur qui envoya à Zel'a, Mahbub de Bat'e comme agent. Haines a empêché la conclusion de cette affaire. Les Anglais dirent alors que la côte d'Afrique appartient aux Turcs. Monseigneur a réclamé en France par des lettres qui ne sont point arrivées à destination. »

En 1864, Hudaydah (Hodeidah, sans doute sur la côte d'Arabie) à son tour implore la protection du grand évêque qui, là-bas, personnifiait la France.

« Au commencement de 1864, le gouverneur de Bat'e allait envoyer une barque à Haufalah, etc., pour prouver sa suzeraineté. La reine de Haufalah, mère du roi de Ayd, est arabe et sa dynastie ne règne là que depuis soixante ans environ.

« Le Saryf de Hudaydah donna à Monseigneur une protestation contre (l'occupation) du pays par les Turcs.

« La reine de Haufalah craint le gouverneur de Bat'e, Fufa Baba, le plus grand de Kutay en Liban. »

Nous ne commentons point ces simples notes; pour les interpréter complètement, il faudrait recourir à d'autres sources qui ne sont point à notre disposition. Telles que nous les produisons, elles suffisent à montrer l'action réelle de nos missionnaires pour préparer l'établissement de la France dans ces pays abyssins où nous possédons aujourd'hui une si belle colonie.

CHAPITRE VII

La France en Orient et les Capucins.

L'année 1832 ou 1834 avait vu le dernier Capucin français à Constantinople ; depuis lors toutes nos missions
d'Orient étaient tombées entre les mains des Italiens. Si
le nom de la France, qui là-bas est synonyme de catholique, n'était pas oublié, la belle langue française, par
contre, ne s'entendait plus dans aucune des Échelles du
Levant. L'italien seul était enseigné dans les écoles du
pays, l'italien était la langue du commerce et de la civilisation. Cet état de choses dura jusqu'au retour des
missionnaires français, c'est-à-dire jusqu'au rétablissement des congrégations en France après 1848. Toutefois
le grand épanouissement des missions françaises en
Orient ne date que de 1870-1880. Jusqu'à cette époque
les Ordres religieux nouvellement rétablis étaient encore
trop faibles et ne pouvaient essaimer au loin leurs colo-
nies civilisatrices.

Mais, depuis 1870, avec l'arrivée des religieux missionnaires, l'influence du français n'a cessé d'aller grandis-
sant, il a détrôné entièrement l'italien ; et aujourd'hui le
français est la langue la plus universelle de tout l'Orient,

c'est la seule langue du commerce et de la science. Le turc, le grec, l'arménien, le bulgare se parlent entre nationaux de même race ; en général le Turc ne parle point le grec ni l'arménien, et réciproquement; tous au contraire comprennent et parlent le français. Le français est la langue commune de toutes ces races ennemies. C'est en cette langue qu'elles sont initiées aux choses de la civilisation.

Sur les magasins et les maisons de commerce, les enseignes se lisent tantôt en grec, tantôt en turc, en arménien ou en bulgare, mais, quel que soit l'idiome local adopté, le français l'accompagne toujours et il occupe la première place.

Or cette situation privilégiée, qui fait de l'Orient une seconde France, est l'œuvre des seuls missionnaires français ; elle s'est établie avec eux, elle s'étend là où ils s'introduisent, elle disparaît quand ils se retirent. Les événements du siècle passé l'ont suffisamment démontré.

Il faut encore ajouter cette considération : c'est que, s'il suffit de deux ou trois années, quand la persécution se déclare, pour ruiner ces magnifiques établissements, pour les rétablir il n'a fallu guère moins d'un demi-siècle.

L'Italie du reste a fourni, à ses dépens, un grand exemple de cette vérité. Pourquoi, elle qui régnait en maîtresse par sa langue dans toute la Méditerranée jusqu'en 1860 et 1870, pourquoi a-t-elle perdu cette glorieuse prépondérance? Pourquoi l'a-t-elle laissé accaparer par la France ? La raison en est simple. Aux temps (1860-1875) où la France laissait se relever ses congrégations, l'Italie spoliait et ruinait les siennes. Les millions dépensés pour sa marine n'ont pu lui rendre cette influence, que lui avaient conquise ses missionnaires.

6

Ce que nous venons d'exposer pour l'Orient, se justifie également pour les autres pays.

C'est ce qu'a toujours compris le gouvernement français informé par ses ambassadeurs. Aussi ne faut-il pas s'étonner si, sous les ministères les moins cléricaux eux-mêmes, il a tenu à se faire le protecteur des religieux et spécialement des Capucins, à cause de leurs missions dans le Levant et les autres contrées.

Nous avons exposé, dans notre premier chapitre, comment le ministère de Villèle leur permit en 1820 et 1821 de se rétablir en France sous le nom de *Franciscains missionnaires du Levant*, et comment notre ambassadeur à Constantinople avait été, un des promoteurs de cette restauration.

Nous avons montré également comment, après les expulsions de 1880, le gouvernement de Gambetta, Freycinet et Ferry, autorisa les Capucins à se reconstituer et à rentrer dans leurs couvents à cause de leurs missions à l'étranger.

Nous pouvons dire davantage encore et ajouter que le retour des Capucins français à Constantinople et dans tout l'Orient est l'œuvre du gouvernement français lui-même.

Nous ne suivrons pas toutes les phases et les péripéties de ces négociations toujours difficiles et longues, quand il faut retirer une mission à des religieux d'un autre pays. Nous nous contenterons de citer la lettre suivante de M. Bourgoing, notre ambassadeur à Constantinople en 1876. Elle est adressée au P. Arsène, alors supérieur des Capucins de Paris. Elle atteste ses démarches auprès du Souverain Pontife, des Supérieurs de l'Ordre à Rome et du cardinal Préfet de la Propagande :

« *Ambassade de France, près la Porte ottomane,*
« *Thérapia, le 18 juillet 1876.*

« Mon Révérend Père,

« J'avais recommandé au R. P. Procureur de votre Ordre à Rome le désir de la population française catholique de Constantinople d'obtenir que deux Pères Capucins de notre nationalité fussent envoyés, conformément aux traditions, à la chapelle de l'ambassade de France à Péra. Il résulte de la dépêche que m'adresse à ce sujet le cardinal Préfet de la Propagande, dont j'avais en même temps appelé l'intérêt sur cette demande, que le Procureur général n'a aucune objection contre la mesure proposée. Déjà même, depuis quelque temps, deux religieux français avaient été destinés pour cette mission, et le Père Procureur général mettra ses soins à donner suite le plus tôt possible à leur établissement à Constantinople.

« Recevez, mon Révérend Père, les assurances de ma considération très distinguée.

« BOURGOING. »

Après M. Bourgoing, les autres ambassadeurs, M. de Vogué, M. Fournier renouvelèrent leurs instances auprès de la cour romaine. Et en 1881 ils virent enfin leurs démarches couronnées de succès. Depuis cette époque, les Capucins français de Paris desservent la chapelle de l'ambassade, et sous les yeux, avec la protection et les encouragements de notre ambassadeur, ils dirigent, comme nous l'avons dit, le principal séminaire destiné à former le clergé séculier oriental des divers rites.

Depuis lors une seconde mission en Orient non moins importante a été cédée encore par les Capucins italiens aux Capucins français, c'est la mission d'Arménie et de Mésopotamie. Ce transfert s'est effectué par l'initiative du préfet apostolique lui-même, le T. R. P. Giannantonio. Quoique italien de naissance, ce religieux Capucin possède une âme française, selon la belle parole de l'amiral de Cuverville au Sénat, en juin 1901. Voici, d'après l'exposé des motifs rédigé par lui-même, les raisons qui l'ont porté à opérer ce transfert.

1° Les relations entre la France et l'Orient sont séculaires et leur sympathie réciproque est intime. Depuis longtemps l'Européen n'est connu en Orient que sous le nom de Franc, et c'est encore la France, qui, malgré les derniers événements politiques, exerce la plus grande influence parmi ces populations. Le Turc, qui en général n'aime pas l'Européen, s'incline avec respect au nom de la nation française. Il semble donc tout indiqué que l'on prenne des missionnaires chez elle.

2° De plus, la France exerce en Orient le protectorat de tous les chrétiens. Ce droit est reconnu par toutes les autres puissances, malgré qu'elles aient tenté et qu'elles tentent encore vainement une revendication, au moins partielle, de ce glorieux privilège.

Les missionnaires sont soumis, en cette qualité, quelle que soit du reste leur nationalité, à ce protectorat, même dans les lieux où se trouvent des consuls de leur nationalité respective. Il n'est donc pas douteux que des missionnaires français ne soient mieux accueillis et plus favorisés que d'autres, au grand profit de la cause catholique.

3° Les missions capucines en Orient, qui comptent plus de deux siècles et demi d'existence, ont eu pour fondateurs et pour administrateurs pendant une longue période de temps, des missionnaires français. La raison historique et les traditions sont donc en faveur des missionnaires français de préférence aux autres.

4° La France est aussi le centre et la distributrice des secours matériels nécessaires à l'entretien de ces missions, qui sont dépourvues de ressources locales. En Mésopotamie il faudrait fermer les résidences et les écoles, si les allocations de la *Propagation de la Foi et des Écoles d'Orient* faisaient défaut.

Le gouvernement français, lui aussi, donne des secours annuels à l'école de Diarbékir, par l'entremise du consulat français, établi dans cette ville il y a six ans, sur les instances de la mission, de la délégation et du Saint-Siège. Ces secours seraient à coup sûr plus abondants du jour où la mission appartiendrait à une province française.

5° La langue de prédilection en ces pays, celle que l'on enseigne de préférence dans nos écoles, c'est la langue française. Or, il est de toute évidence que les Français s'acquitteront mieux de cette charge qui est inséparable des engagements pris par la mission.

Cette lettre montre clairement que le protectorat de la France est accepté sans arrière-pensée par les missionnaires et spécialement par les Capucins de nationalité étrangère. Leur reconnaissance est sincère, mais elle est fondée sur le sentiment des services rendus. Elle ne se démentira pas tant que la France restera fidèle à ses traditions ; mais le jour où celle-ci méconnaîtrait ses propres obligations, ces missionnaires se retireraient d'elle et ne songeraient plus qu'à leur patrie respective, ou encore à la puissance nouvelle qui aurait pris la place de la France.

Si nous ajoutons que les Capucins français sont encore au Liban, à Smyrne, en Crète et en Arabie, à l'autre extrémité de l'empire ottoman, on se rendra compte facilement qu'ils occupent dans cette vaste contrée une situation prépondérante.

Mais on appréciera mieux encore leur influence en se rappelant leurs œuvres et leur action. Aussi, en terminant, voulons-nous dire un mot et de leur belle conduite lors des massacres en Arménie, en 1895, et de l'œuvre si importante du séminaire oriental.

Pour ce qui a trait aux massacres d'Asie Mineure, on sait que, dans l'affolement général, nul gouvernement, nulle mission protestante, et très peu de missions catholiques osèrent prendre directement la protection des Arméniens orthodoxes qu'on égorgeait. Du reste d'autres missionnaires catholiques qui le tentèrent furent mis à mort pour prix de leur dévouement. Mais, à cette époque, en pleine Arménie, les Capucins réussirent à sauver autour d'eux beaucoup de victimes destinées à la mort ; ils gardèrent même, indemnes de tout massacre, de vastes régions.

Voici deux épisodes de cette résistance héroïque. Nous en extrayons le récit du livre intitulé : *La France catholique en Orient.*

« En 1895 éclatèrent les massacres d'Arménie. Le mot d'ordre parti de Constantinople ordonnait de tuer tous les hommes et de convertir au mahométisme les femmes et les enfants. Nos Pères se trouvaient au centre d'une région peuplée d'Arméniens. Au péril de leur vie et de leurs œuvres, ils s'employèrent de toutes leurs forces à sauver ces malheureux. Ils ne purent partout empêcher les massacres ; mais alors qu'à Constantinople, sous la protection de leurs stationnaires, la plupart des résidents européens n'osaient intervenir, ni même ouvrir leurs maisons pourtant inviolables, afin de sauver ceux qu'on assassinait par milliers, nos pauvres missionnaires Capucins d'Arménie, perdus au milieu des Kurdes, prenaient la défense des victimes, ils négociaient l'appui des chefs ou des gouverneurs plus humains, ils imploraient la clémence des plus cruels, ou essayaient de les retenir par des menaces, ils ouvraient leurs demeures toutes grandes pour recevoir ceux qu'on poursuivait ; et quand on les sommait, avec des menaces de mort, de livrer leurs hôtes, ils répondaient : « Vous pou-

« vez nous tuer, mais ces hôtes, vous ne les atteindrez
« qu'en passant par-dessus nos cadavres. »

« Un tel courage ne fut pas perdu. A Diarbékir nos
Pères sauvèrent dans leurs résidences 5.000 hommes.
A Karput, 2.000 leur durent leur salut; à Orfa, ils en
protégèrent également un grand nombre. Dans leurs diverses maisons ils donnèrent asile à environ 10.000 Arméniens. Bien plus ils réussirent à préserver de tout
massacre la ville de Mardin.

« C'est à Karput que nos Pères firent entendre la
fière réponse que nous avons rapportée plus haut. Le
chef des soldats venus pour tuer et pour piller fut arrêté
par tant d'héroïsme. Il essaya par des instances et des
démarches renouvelées de faire céder les missionnaires;
il alla jusqu'à se déclarer impuissant à retenir ses bandes
prêtes à l'assaut. Mais il ne put arracher aux Pères que
la même réponse. « Nous mourrons les premiers, mais
« nous ne déserterons pas le poste que Dieu nous a confié. »
Une telle générosité devait triompher même d'un Turc.
« Du moment que vous avez le courage d'exposer votre
« vie pour sauver celle d'autrui, je prends sur moi de vous
« faire protéger, vous et tous ceux qui sont dans votre
« demeure. » Il tint parole. Il envoya des soldats pour
repousser les Kurdes qui se préparaient à l'assaut. Ce
brave chef s'appelait Sciahad-bey; la France, pour le
récompenser, lui donna la médaille du mérite. Les
Pères qui se conduisirent avec une vaillance si française
sont les PP. Adrien d'Ulpie et Ludovic d'Erre. La
France ne les a point récompensés.

« Mamuret-ul-Aziz ou Mézéré fut sauvé par son gouverneur Mustapha-pacha, un ami des Pères. Tant que
dura le danger, cinq cents chrétiens se tinrent réfugiés à

la mission ; et Mustapha les fit garder par des soldats.

« A la tête de la station de Mardin se trouvait le Père Daniel de Monopello, homme prudent et de grande autorité dans le pays. Il avait depuis longtemps lié amitié avec un chef de tribu estimé et redouté des Kurdes. Quand il eut appris la nouvelle des massacres qui se préparaient, il alla trouver son ami, fit appel à sa droiture et flattant habilement sa vanité, il lui promit, s'il sauvait Mardin du pillage, qu'il lui obtiendrait une récompense de la France. Celui-ci donna sa parole que les Kurdes n'escaladeraient pas la montagne pour saccager la ville. De fait, quand les bandes de pillards se présentèrent, il s'avança au-devant d'elles avec les plus fidèles de ses partisans, et leur signifia qu'ils eussent à se retirer. Son intervention effraya les chefs ; ceux-ci donnèrent ordre de courir à d'autre butin. La ville fut sauvée et elle servit d'asile aux Arméniens des villages voisins.

« La France, à la demande du P. Daniel, décerna une médaille d'or au Kurde sauveur de la ville ; en même temps le Président de la République accorda une médaille d'argent à la mission des Capucins. »

« Voici la lettre qui accompagnait l'envoi de cette médaille :

« Le Président de la République Française, sur la pro-
« position du Ministre des Affaires étrangères, décrète :
« Une médaille d'honneur en argent est décernée à la
« mission des Capucins à Diarbékir, qui se sont signalés
« par leur belle conduite et leur courage au cours des
« événements qui ont eu lieu en Asie Mineure.
« Fait à Paris, le 25 janvier 1896.
« *Signé :* Félix FAURE.
« *Contresigné :* Berthelot. »

Ces événements se passaient peu de temps après l'arrivée des Capucins français destinés à succéder aux Italiens. Un apostolat commencé sous de tels auspices devait être fructueux pour les intérêts de la France comme pour ceux de la religion. Le succès ne s'est pas fait attendre. Dernièrement le Consul de France à Sivas, M. Grenard, se plaisait à constater les fruits produits par la mission. Au commencement d'octobre 1902, il écrivait au P. Raphaël cette lettre élogieuse :

« Je ne veux pas quitter Sivas sans vous remercier du concours précieux que je n'ai cessé de trouver auprès de vous dans l'accomplissement de ma mission, des efforts énergiques que vous avez faits pour développer l'école française et en élever le niveau. »

Ce témoignage, joint au tableau de leurs œuvres exposé plus haut, suffit pour attester l'action personnelle des missionnaires français. Il nous faut maintenant faire connaître l'action non moins considérable qui s'exerce en ce pays par le ministère des prêtres indigènes formés au séminaire oriental de Constantinople. Mais auparavant disons un mot de cette institution elle-même.

L'œuvre du clergé oriental.

Pour l'avenir de l'influence française comme du catholicisme, on peut dire que l'œuvre de formation du clergé oriental exerce un rôle décisif. Dans ce pays d'Orient, en effet, où le rôle du clergé est aussi politique que religieux, le peuple marche où l'entraîne son clergé. Or le clergé indigène, habitué aux mœurs locales, aura toujours sur ses compatriotes une influence plus profonde que les missionnaires venus de l'étranger. Il importe donc extrêmement de donner à ces peuples un bon clergé indigène.

Les missionnaires Capucins sont à peu près les seuls qui aient pleinement réussi dans cette difficile formation d'un clergé oriental séculier et régulier.

L'œuvre du séminaire pour le clergé séculier établie à Constantinople même, en 1882, a donné son premier prêtre en 1892, et depuis lors elle n'a cessé d'en fournir deux ou trois chaque année. La formation de ce clergé est des plus sérieuses. Les jeunes Orientaux reçoivent toute leur éducation des missionnaires. Ils entrent au séminaire à l'âge de douze ou quatorze ans et ils n'en sortent qu'à vingt-quatre ou vingt-six ans. Durant ces longues années, ils sont entièrement à la charge de la mission.

Leur éducation est essentiellement française. La langue, les méthodes, les programmes et jusqu'aux règlements, tout est français. On ajoute cependant, comme il est naturel, les connaissances spéciales exigées par les besoins du pays.

Voici quelques détails propres à faire connaître l'œuvre et ses résultats.

Donnons d'abord le tableau, par nation, des élèves du petit séminaire :

Le petit Séminaire Saint-Louis compte au 1er janvier 1903, 36 élèves dont :

3 du rit chaldéen, soit :	2 originaires de Mossoul, 1 — de Seert,	Turquie d'Asie.
11 du rit arménien, soit :	2 originaires de Marasch, 1 — de Perknik, 1 — d'Erzeroum, 1 — de Diarbékir, 1 — de Mardine, 1 — d'Alep, 1 — d'Adana, 1 — de Karpout, 1 — de Damas, 1 — de Homs.	

2 du rit slave, originaires de Sazla-Koï (Bulgarie).

<table>
<tr><td rowspan="11">20 du rit latin, soit :</td><td colspan="3">2 originaires de Constantinople
(Turquie).</td><td></td></tr>
<tr><td>3</td><td>—</td><td>de Syra,</td><td rowspan="5">Grèce.</td></tr>
<tr><td>3</td><td>—</td><td>de Corfou,</td></tr>
<tr><td>2</td><td>—</td><td>de Tinos,</td></tr>
<tr><td>1</td><td>—</td><td>de Volo,</td></tr>
<tr><td>1</td><td>—</td><td>de Zante,</td></tr>
<tr><td>3</td><td>—</td><td>d'Aral,</td><td rowspan="5">Géorgie.</td></tr>
<tr><td>2</td><td>—</td><td>de Tiflis,</td></tr>
<tr><td>1</td><td>—</td><td>de Valé,</td></tr>
<tr><td>1</td><td>—</td><td>de Khizabavra,</td></tr>
<tr><td>1</td><td>—</td><td>d'Akhaltsikh,</td></tr>
</table>

La lettre suivante d'un des professeurs, écrite en janvier 1903 au T. R. P. Robert, vicaire provincial, nous va faire assister à la vie intime de l'école. Nous y verrons les sentiments qui font vivre les cœurs des maîtres et des élèves :

« Très Révérend Père,

« Vous me demandez tout d'abord le nombre de mes élèves. Dans ma seule petite classe j'en ai vingt et un, *ex omnibus gentibus.* Les Français y cotoient les Italiens, les Chaldéens y font bon ménage avec les Arméniens ; les Grecs y sont mêlés aux Latins : J'ai 3 Grecs de Corfou, 1 Grec de Syra, 1 Grec de Tinos, 5 Français des meilleures familles de Constantinople, 2 Levantins de Constantinople, 3 Chaldéens de Mossoul et de Seert, 5 Arméniens de Malatia, Diarbékir et Alep.

« Leurs progrès en français sont généralement sensibles au bout de trois ou quatre mois. Les Grecs sont sous ce rapport les plus précoces, étant donnée une plus grande affinité de leur langue avec la langue française. A presque tous il faut que je commence par donner des leçons de chose pour leur apprendre les mots français :

ainsi pour leur apprendre ce que c'est qu'un *âne,* j'en imite le braiment, un *chien,* j'en reproduis les jappements, etc., etc. Ce n'est pas toujours chose très facile, mais cette méthode est du moins très profitable aux enfants.

« Pour les forcer à apprendre vite le français, notre langue est obligatoire dans les récréations, et une punition est réservée à celui que nous surprendrions causant le grec, l'italien, l'arménien, le turc ou l'arabe. Toutefois cette règle souffre des exceptions les jours de promenades et les dimanches.

« Avec l'amour de notre langue, nos enfants puisent encore à Saint-Louis l'amour de notre patrie, qu'ils iront répandre plus tard, comme l'ont fait jusqu'ici leurs aînés, dans les différentes contrées d'où ils nous sont venus. Ainsi ne sont-ils jamais plus heureux en récréation que lorsqu'ils jouent au drapeau. Les camps se disputent pour avoir le drapeau français.

« A mon retour de France, il y a dix-huit mois, ils m'ont reçu à Cadi-Keuï par les cris de : « Vive la « France! Vive la France! » répercutés par les échos de la presqu'île de Fanaraki. Chacun des discours que les élèves adressent pour leur fête à chaque professeur se termine par ces mêmes paroles : « Vive la France. » Si je leur dis pour leur apprendre le mot pays, de m'en montrer un sur la carte, ce sera toujours la France qu'ils me désigneront.

« Il est certain que tous nos enfants nous arrivent — et il en est qui font jusqu'à trente-cinq jours de caravane — avec un idéal de la France dont j'avais bien entendu parler, mais que je croyais enfoui à jamais sous les ruines de Mossoul ou de Ninive. Notre chère France est pour eux le pays par excellence où fleurit la justice, la charité, la compassion, toujours prêt à s'armer pour la défense des opprimés. Nous avons bien garde de leur faire perdre cet idéal. Élevés ici gratuitement avec le seul argent de France, ils retournent dans leur pays pleins de reconnaissance pour nous et notre patrie qu'ils y font connaître et apprécier à leur tour : témoin les nombreuses lettres qu'ils nous écrivent.

« Vous me demandez aussi, Très Révérend Père, si mes catéchismes sont bien suivis. J'ai actuellement quarante-cinq petites filles inscrites au catéchisme, également un peu de toute nation. Si ce n'est pas l'élément français qui y domine, c'est du moins l'élément protégé-français. Les familles catholiques de Constantinople tiennent à honneur de faire suivre à leurs enfants les catéchismes de Saint-Louis, pour la raison qu'ils s'y font par nous et en français. Les personnes qui, à Constantinople, ont suivi les catéchismes de Saint-Louis depuis leur inauguration par le très regretté P. Marcel, ne se comptent déjà plus à Constantinople. A signaler parmi les enfants qui suivent actuellement nos catéchismes : la nièce du Ministre de l'Agriculture du sultan, Selim Melhamé Pacha; la nièce de l'ex-Gouverneur du Liban, Naoum-Pacha, les demoiselles Scanavy, de Vendœuvre, Seffelder, Heer, etc., dont les parents occupent de hautes situations dans les finances ou l'industrie, etc.

« Je fais encore remarquer à Votre Très Révérende Paternité que Saint-Louis est la seule église *quasi-paroissiale* de Constantinople où il ne soit fait que *des prédications françaises*. C'est pour les cérémonies religieuses un peu le centre de tous les Français de Constantinople, qui y assistent aux cérémonies telles qu'elles se font dans la patrie, y écoutent une parole française, y entendent des chants français, y participent à toutes les œuvres françaises de Constantinople : orphelinats, asiles, etc., par la quête annuelle qui s'y fait en leur faveur...

« Fr. Eusèbe. »

Cette lettre peint à merveille les travaux et le dévouement des professeurs pour leurs élèves. Aussi on peut dire que le succès est venu récompenser leurs sacrifices. Voici, en effet, un petit aperçu, très incomplet du reste, capable de faire apprécier les résultats obtenus :

En 1898, deux prêtres, sortis du séminaire de Constantinople, ont fondé une mission à Ouchak, au centre de l'Asie Mineure, le long du chemin de fer français qui va de Smyrne à Kara-Hissar.

Un autre, depuis 1896, est curé d'une nombreuse colonie allemande à Kara-Murat dans la Dobroudja. Deux Chaldéens et un Arménien exercent le ministère à Diarbékir, un autre Arménien est à Césarée. Le premier élève des Capucins est depuis longtemps chanoine à la cathédrale de Smyrne; le second s'est fait Capucin et est missionnaire en Crète. Quatre latins sont à Tynos où l'un dirige le séminaire diocésain et l'autre est chancelier de l'évêché. « Grâce aux Capucins, écrit ce dernier, M. l'abbé Toriza, la belle langue française a été admise dans le programme du séminaire diocésain. » Deux Arméniens sont professeurs, l'un au séminaire de Bzommar, dans le Liban ; l'autre chez les Mékhitaristes à Trébizonde, etc...

A côté de ce séminaire en existe un autre à San-Stefano et à Boudjà près Smyrne. Celui-ci est destiné à former un clergé régulier, c'est-à-dire des Capucins orientaux indigènes. Il est dirigé par les Capucins italiens ou autrichiens, mais selon les méthodes et dans la langue française. Cette institution, fondée un peu avant l'autre,

a donné des résultats encore plus satisfaisants. Le nombre des religieux sortis de cet institut oriental est
aujourd'hui de 106. Un certain nombre achèvent leurs
études théologiques ou leur formation religieuse. Les
autres, 44 prêtres et 27 frères, servent dans les missions.

L'influence exercée par ces prêtres sur leurs concitoyens est considérable. Un exemple va le montrer.
Nous l'empruntons à deux lettres écrites d'Orient.
La première est datée du 22 décembre 1902 et signée
d'un professeur du séminaire, le P. Émilien :

« Depuis une dizaine de jours, raconte-t-il, nous
hébergeons un de nos jeunes prêtres arméniens, missionnaire à Tchoukouche, petite ville du diocèse de
Diarbékir. Il nous charme par ses récits pleins d'intérêt.
La population catholique de cette localité lui est très
dévouée. Notre abbé, non seulement est chargé de
gérer leurs intérêts spirituels, mais même leurs affaires
temporelles. Parfois il remplit les fonctions de juge;
les questions litigieuses lui sont déférées, et la paix se
fait sans l'intervention d'un tribunal ottoman.

« En son temps il devient aussi médecin. Pour la
moindre souffrance, ses ouailles vont le consulter. Il
s'entremet entre le pouvoir civil turc et ses fidèles. C'est
un peu l'ancien maire de nos îles bretonnes, Houat et
Hodic. Catholiques, schismatiques, Arméniens assistent
à ses offices. Le papas grégorien (schismatique) a quitté
la place; il ne manque plus aux dissidents, au moins en
partie, que l'inscription au registre de l'état civil des
Arméniens catholiques.

« L'an dernier le bruit se répandit à Tchoukouche que

le vali allait faire des massacres. Le jour terrible de la boucherie était fixé. Les musulmans ne craignirent pas de publier cette sinistre nouvelle sur le marché. Consternation légitime des pauvres chrétiens. Ils accouraient chez notre abbé. *Tout d'un coup la sombre tristesse se change en joie; on vient d'apprendre que le vali, grâce à l'intervention énergique du consul de France à Diarbékir, vient d'être absolument destitué. Deo Gratias!!*

« Un autre de nos jeunes prêtres de Diarbékir (celui-ci est Chaldéen) travaille de son côté à la conversion d'un village jacobite. »

La seconde lettre, plus curieuse encore, raconte précisément les travaux de ce jeune prêtre de Diarbékir pour la conversion des Jacobites. Elle est écrite de sa main, la voici en entier :

« 29 octobre 1902.

« Mon Révérend Père,

« Je viens aujourd'hui vous apprendre une bonne, une très bonne nouvelle.

« Un jour que, selon mon habitude, j'étais à faire la classe, je vois se présenter à moi un homme habillé à la franque. Il salue, je réponds à son salut; il s'assied, je lui souhaite la bienvenue; après quoi je continue à m'occuper de ma classe. Mais lui, impatient d'entrer en conversation avec moi, me pose des questions sur la grammaire, examine mon cahier de notes, en admire la tenue, m'exprime son contentement et sa satisfaction à la vue de l'ordre qui règne dans notre école. Quant à moi, je réponds brièvement à ses questions tout en continuant ma classe. La classe terminée, notre homme poursuit ses questions sur l'école, puis tout à coup il tire un livre de sa poche et me demande en me le présentant si je n'aurais point quelque chose de plus complet, de plus détaillé. Je prends le livre, je l'examine, je vois qu'il est composé par un Jésuite de Syrie; j'en cherche le titre, impossible de le trouver, la première feuille n'existait plus. Je me mets alors à m'enquérir auprès de mon singulier visiteur de ses noms et qualités. Or je finis par découvrir que j'avais affaire à un ministre protestant d'un village des environs de Diarbékir.

« Je suis, me dit-il, d'origine jacobite; mon père était
« un jacobite qui ne connaissait rien en fait de religion
« et n'en pratiquait aucune. Quant à ma mère, elle
« était protestante fanatique et elle m'éleva, comme
« mes frères et ma sœur, dans le protestantisme. Pour
« moi, après avoir étudié à Mardin dans le collège des
« Américains, j'ai été placé près d'ici dans le village que
« vous connaissez. Mais je dois vous dire que j'avais
« commencé à douter de la vérité de la religion protes-
« tante lorsque j'étais encore dans les classes infé-
« rieures; plus j'avançais dans mes études, plus aussi
« mes doutes augmentaient et maintenant je suis con
« vaincu de la fausseté du protestantisme; aussi n'est-ce
« pas pour discuter que je suis chez vous, mais bien
« pour vous demander des éclaircissements. »

« Je lui donnai ces éclaircissements désirés le mieux que je pus, mais ce qu'il voulait surtout avoir, c'était un livre arabe plus complet que le sien qui n'était qu'un exposé abrégé de la religion chrétienne avec réfutation du protestantisme. Je lui dis que je n'avais pas ce qu'il désirait, mais que bien certainement je pourrais le lui procurer en m'adressant à Monseigneur ou à mon jeune confrère qui se feraient un plaisir de lui rendre ce service. Il parut fort content de ma proposition. Nous con-

7

tinuâmes alors à parler de religion; l'heure du dîner vint nous interrompre, mais pour un moment seulement. Dans notre conversation de l'après-midi, il m'avoua que ce qui avait jeté le doute dans son âme, à l'endroit de son protestantisme, c'était le livre du Père Jésuite; et même il me dit carrément qu'il était des nôtres, mais qu'il prévoyait des obstacles à sa conversion de la part de sa femme, protestante fanatique, et de ses supérieurs. Je lui rappelai ces paroles de Notre-Seigneur : « Si quelqu'un vient à moi et qu'il aime plus « que moi son père et sa mère, sa femme et ses en- « fants, ses frères et ses sœurs et même sa propre vie, « il ne peut être mon disciple » (S. Luc, xiv, 26), et je l'engageai fort à faire tout son possible pour écarter ces obstacles. Il convint de la vérité de ce que je lui disais et il me promit d'agir en conséquence. Aussi nous quittions-nous ce jour-là très bons amis, nous qui auparavant ne nous étions jamais vus.

« Deux ou trois jours après notre première entrevue, mon brave ministre venait me trouver de nouveau; je lui donnai cette fois des renseignements historiques sur les différentes hérésies qui ont surgi dans l'Église. Il en parut satisfait et me remercia. C'est alors qu'il me pria d'écrire à Monseigneur, qui se trouvait en visite pastorale, pour l'informer de ses projets de conversion et pour lui demander qu'il voulût bien l'aider à écarter les obstacles qui s'opposaient à la manifestation de ses convictions nouvelles. J'écrivis donc à Monseigneur, lui soumettant en même temps la demande que m'avait faite notre prédicant d'aller passer une nuit chez lui au village pour continuer nos entretiens. La chose était d'autant plus facile que toute sa famille était absente puor le moment et qu'il se trouvait seul dans son habitation. Sa Grandeur me répondit d'une manière géné-

rale que je ne devais rien négliger pour ramener au
bercail la brebis égarée. Fort de cette parole épisco-
pale, j'écris à notre homme que j'irais le voir. Le lendemain je me mets en mesure d'exécuter mon voyage; je
fais louer un cheval; au dernier moment le cheval
manque, mais j'ai résolu d'aller voir ce jour-là même
notre nouvel ami et le trajet est d'environ deux heures...
Comment faire?... Est-ce que, pensé-je à part moi, je
n'ai pas appris à marcher plus de deux heures de suite
pendant que j'étais à Saint-Louis? — En avant, dis-je
à mon compagnon. — Quoi! à pied? — Oui, à pied. —
Pourrez-vous aller jusqu'au village? — Mais certainement et au delà. — Puisque vous êtes si bien décidé,
partons (1). — Nous voici en route enfonçant tantôt
dans l'eau, tantôt dans le sable, traversant monts et
vallées. Une demi-heure après le coucher du soleil, nous
arrivions à destination.

« Aussitôt arrivés, nous nous mettons à examiner
les livres de notre prédicant, ce qui me fournit l'occasion de lui donner de multiples explications sur les
points à éclaircir et en particulier sur la hiérarchie et
l'autorité dans l'Église.

« Grâce à Dieu, j'ai pu en tout le satisfaire. Nous res-
tâmes ainsi en conversation jusqu'à minuit, ce n'est
que vaincus par le sommeil que nous prîmes le parti
de nous séparer.

« Le lendemain matin, je manifeste mon intention de
retourner de bonne heure à la ville, mais mon hôte s'y
oppose absolument; il veut à tout prix me régaler ce
jour-là, malheureusement c'était vendredi et nous
avions abstinence stricte. Il est tout désolé de cette

---

1. « Ces réflexions et hésitations s'expliquent par la maladie de
cœur dont souffre M. l'abbé T..., ce qui donne ici plus de mérite
à sa décision première et à toute sa conduite subséquente. » —
Note de Saint-Louis.

malencontreuse circonstance, mais il tient quand même
a nous garder à dîner, si bien qu'il nous fait servir un
repas maigre, qu'il fait abstinence comme nous, nous
disant qu'il était tout heureux d'avoir une excellente
occasion pour commencer à s'habituer à l'abstinence
catholique.

« Par ailleurs, je n'ai pas eu à regretter de n'être pas
reparti dès le matin, je n'aurais pu faire la visite sinon
intéressante au moins fort instructive que je dois signaler. Ce jour-là, le village, autrefois jacobite, aujour-
d'hui à moitié protestant, recevait la visite de son patriarche venu pour ramasser la dîme. J'allai le voir en
compagnie de mon ministre protestant. Quelle impression nous fit ce grossier personnage, sans instruction,
sans éducation, aussi inculte que le dernier de ses villageois ! Nous sortions de chez lui dégoûtés, écœurés
de ce que nous avions vu et entendu. — Le soir de ce
même jour, j'étais de retour à Diarbékir ayant eu pour
compagnon de route notre nouvel ami qui avait tenu à
m'accompagner jusqu'au fleuve, c'est-à-dire pendant
les trois quarts du chemin.

« Trois ou quatre jours après mon retour, nouvelle
visite de mon ministre; Monseigneur venait de rentrer
de sa tournée pastorale, je le lui présente, ils ont ensemble un long entretien. Monseigneur est si enchanté
de ses bonnes dispositions qu'il l'invite à dîner avec
nous. Après le dîner, il me fait part de son intention
d'aller très prochainement à Mardin chercher sa femme
et son enfant qui se trouvaient là depuis cinq ou six
mois; il me disait en même temps son embarras, vu
qu'il ne savait pas à qui confier sa maison pendant son
absence.

« C'est alors que me vint cette idée... *géniale* : j'eus

la pensée d'aller habiter moi-même sa maison pendant
son absence, espérant bien pouvoir, par ce moyen,
opérer quelques conversions parmi ses protestants. Je
lui communiquai mon idée; il l'approuva : nous infor-
mâmes Monseigneur de notre combinaison et de mes
projets de prosélytisme. Il fut convenu qu'il préviendrait
les principaux de sa communauté de son intention
de me louer sa maison, précaution nécessaire, vu que
cette maison appartient au temple auquel elle est
contiguë. Le lendemain il nous revenait tout triomphant;
il avait obtenu l'assentiment de ses buyuks (notables).

« Donc, sous prétexte de villégiature, j'allai un beau
jour m'installer dans la demeure du ministre absent.
Pour ne rien laisser soupçonner, j'avais mené ma mère
avec moi ; mon oncle l'accompagnait. Le soir, je dis à
mon oncle de commencer dès le lendemain matin à se
mettre en rapport avec les habitants du village et de
me préparer ainsi les voies. Le lendemain au soir, il
m'annonça qu'un grand nombre de villageois, jacobites
et protestants, viendraient me trouver.

« Ce soir-là, il n'y eut que les jacobites à venir ; nous
parlâmes assez longuement de leur conversion et le
lendemain, a 7 heures du matin, j'inscrivais sept familles
sur nos registres. Les protestants n'avaient pas paru
par suite des agissements d'un fanatique qui les
empêcha de venir.

« Le dimanche qui suivit mon installation, un autre
prêtre était venu se joindre à moi ; nous allâmes ensemble faire visite au curé du village dans l'espoir de
l'attirer à nous et de faciliter ainsi le retour de son trou-
peau. Notre démarche fut inutile; ignorant et ne comprenant rien, il ne nous donnait d'autre réponse que celle-ci :
« Allez discuter avec mon patriarche. »

« Ce même dimanche, cinq nouvelles familles vinrent

à nous ; quatre ou cinq jours après nous incrivions une autre famille, celle du neveu du chef du village, et dernièrement encore j'inscrivis sur nos registres deux familles nouvelles et un jeune homme. Tout le village est en voie de conversion. Les protestants qui étaient si fiers les premiers jours qui suivirent mon arrivée au village, n'osent plus se montrer maintenant. Ils se contentent de dire qu'ils n'ont jamais rencontré des hommes aussi savants que nous.

« Après deux semaines de séjour dans le village, nous avons loué provisoirement une maison pour y établir une chapelle et une école. J'ai déjà dit trois fois la messe dans cette chapelle et j'y ai prêché autant de fois. A mon premier sermon assistaient bon nombre de protestants, ils étaient tous dans l'admiration, ils se sont déclarés vaincus, mais ils n'ont pu approuver la dernière partie de mon discours où je parlais de la très sainte Vierge. C'était précisément ce jour-là la fête du saint Rosaire et j'en avais profité pour mettre publiquement sous la protection de Marie notre nouvelle mission.

« Le bon exemple des habitants de notre village fut suivi par d'autres d'un village voisin.

« Vous pensez bien que le diable ne vit pas d'un œil tranquille ce mouvement vers la Vérité et le retour au catholicisme : les prêtres jacobites des susdits villages, les protestants du premier, ceux de la ville, quoique d'une secte différente, se soulevèrent contre le ministre qui avait été la cause première de tout ce trouble. Un villageois protestant a même eu une vraie prise de corps avec un de nos nouveaux convertis. Un ministre protestant est venu de la ville réchauffer le zèle de ses coreligionnaires ; un médecin américain est venu pour cette même fin de Mardin à Diarbékir.

« Après quatre semaines de séjour continu au village, je viens de rentrer à la ville, me réservant d'aller tous les dimanches y dire la messe et y prêcher. Pendant ces quatre semaines, je revenais chaque jour de bon matin à Diarbékir pour faire ma classe, enseigner le catéchisme, confesser, et le soir je retournais au village pour suivre l'œuvre des conversions.

« Voilà, mon Révérend Père, où en sont nos tout petits travaux apostoliques ; puisse le bon Dieu les bénir et leur donner l'accroissement ! Nous les recommandons avec confiance, à vos charitables prières, ainsi qu'à celles de tout Saint-Louis. »

Cette lettre a la valeur d'un document. Elle peint sur le vif l'action de nos missionnaires et de leurs élèves. Cette action est à la fois humanitaire, patriotique et religieuse. Elle défend les pauvres chrétiens contre le fanatisme musulman, elle les soulage dans leurs misères physiques et morales, elle les ramène à la vérité catholique, elle leur fait aimer la France, la grande nation protectrice.

Les Capucins à Constantinople ne bornent pas leur zèle à la formation de leurs jeunes élèves. De Saint-Louis comme d'un centre, ils étendent leur action sur Constantinople d'abord et ses faubourgs, puis sur les principales villes de l'Asie Mineure, sur l'Archipel et jusqu'en Bulgarie.

A Constantinople ils sont établis auprès de l'Ambassade, au cœur de Péra, le grand quartier européen. Leur église est l'église française par excellence. Là, chaque

dimanche, le représentant de la France, à la tête de tout
le personnel de l'Ambassade, vient assister à la messe
solennelle célébrée par le Supérieur des Capucins,
son aumônier, et affirmer par cette démonstration
religieuse qu'il est bien le représentant officiel des
intérêts catholiques en Orient. C'est encore l'église
des Capucins que choisit l'ambassadeur d'Angleterre,
un catholique toujours, pour remplir tous ses devoirs
religieux.

L'élite des Orientaux latins aime à venir aux offices
des Capucins et à suivre les nombreuses instructions et
conférences qui s'y donnent en Avent, en Carême, durant
le mois de mai et aux principales fêtes. Des catéchismes
réguliers réunissent, avec les enfants des principales
familles de Péra, les élèves des deux écoles laïques, le
collège Faure pour les garçons, l'école nationale française dirigée par les dames Devaux et Schaffner, et
aussi les élèves de l'école anglaise.

En dehors de leur propre église ils exercent la charge
d'aumôniers aux deux grands collèges des Frères, le
collège Saint-Michel de Péra et le collège Saint-Joseph
de Kadi-Keuï. Dans ces deux maisons vient se former
l'élite de la jeunesse orientale, destinée plus tard à
représenter le grand commerce dans ces contrées. Ils
dirigent encore un cercle de jeunes gens, artisans,
ouvriers, employés, la plupart anciens élèves des Frères,
au milieu desquels ils entretiennent l'amour de la France
et popularisent sa langue et sa littérature.

Ils sont encore les aumôniers des Sœurs Franciscaines
de Péra, et du collège de Notre-Dame-de-Sion à Kadi-
Keuï.

Ils dirigent enfin des œuvres, des associations de
jeunes filles, à Kadi-Keuï, à Notre-Dame-de-Sion de
Pancaldi, au pensionnat Sainte-Élisabeth des Fran-

ciscaines Missionnaires. Un Père, chaque dimanche, va dire la messe à l'hôpital français et y prêche souvent ainsi qu'à l'hôpital international de l'Artigiana. La plupart des communautés françaises ont recours à leur ministère pour la prédication et les retraites annuelles.

Ce sont là les principaux travaux des Capucins français à Constantinople. En dehors de cette ville ils s'en vont fréquemment à travers les provinces et les îles porter la parole de l'Évangile. A Bouyouk-Déré près de la Mer-Noire, on les réclame avec instance pour la prédication, on veut leur confier les catéchismes aux enfants à Prinkipo (île de la Marmara) et à Kandili, sur le Bosphore, et on les invite à prendre le soin de cette dernière paroisse naissante ; on voudrait les avoir a Sinope, sur la Mer-Noire ; on les demande pour la prédication au Pirée et à Athènes. Un Père récemment venu de France, le P. Trophyme, est attaché à la mission de Philippopoli en Bulgarie. Nous avons dit déjà que les missions de Crète et de Smyrne avaient obtenu également un Père français pour distribuer les secours religieux à nos nationaux.

Mais ce ne sont pas nos nationaux seulement qui réclament leur ministère. C'est grande fête dans une ville d'Orient, quand un Capucin français doit paraître en chaire et y prendre la parole. Sa qualité de Français et de Français de Paris, fascine ces populations avides d'entendre, dans la pureté de sa prononciation, les mélodieux accents de notre belle langue. Avec les Latins, les Grecs, les Arméniens, les Turcs eux-mêmes accourent avec une sorte d'enthousiasme, prêts à une admiration sans borne.

Le compte rendu suivant d'une prédication à Smyrne,

durant le Carême 1902, peindra aux yeux de tous, mieux que nous ne saurions le faire, cette action fascinatrice du missionnaire français. L'auteur de l'article, nous a-t-on dit, est un incroyant ; son témoignage n'en aura, en la circonstance, que plus de sincérité (1) :

« Nous avons déjà eu occasion de parler du P. Constant, aumônier de l'ambassade de France à Constantinople, qui se trouve depuis quelques semaines à Smyrne, où il est venu prêcher les retraites.

« Depuis son arrivée, le vaillant Capucin ne s'est pas reposé un jour : il a fait une série de conférences à l'Institut des Frères ; il a prêché tous les dimanches à l'église de Saint-Polycarpe ; il a prononcé des sermons et des panégyriques en diverses circonstances ; il a prêché la retraite aux dames, et depuis lundi, il a commencé une retraite pour les hommes. Toujours sur la brèche, et doué d'une grande facilité de parole, il répond à toutes les sollicitations, il court partout, animé et poussé par un invincible besoin de propagande et de conquête.

« C'est un prêtre d'un esprit élevé, d'une éducation parfaite, en qui la foi active et sincère brille à côté du talent. Il a les dons qui s'acquièrent par le travail et ceux qui nous viennent de nature. La physionomie a de la distinction, comme les manières, une expression ouverte et réservée en même temps. Le regard est clair et doux. L'ensemble de toute la personne très sympathique.

« Dans ses conférences à l'Institut des Frères, le P. Constant s'était trouvé en face d'un nombreux auditoire d'hommes pour l'enseignement de quelques-unes des plus hautes vérités dogmatiques. Il y a parlé de la

1. *Courrier de Smyrne,* 19 mars 1902.

foi et du besoin de croire. Le besoin de croire est impérieux. A de rares exceptions près, on ne maintiendra pas les hommes sous la règle d'une morale acceptée, sans un culte qui les relie et exalte leurs cœurs. Les philosophies elles-mêmes, quand elles veulent donner une règle à l'humanité, et non pas rester une distraction de dilettanti, ont besoin d'une façon de culte, d'un signe de ralliement. Le jeune prédicateur a aussi parlé de la science qui, bien entendu, « ne fait nullement échec au « dogme chrétien ». Et, s'aidant des travaux les plus récents de l'exégèse moderne, il a discuté et jugé les paroles et les actes des négateurs, se révélant discuteur et dialecticien solide, avec des grâces littéraires. Et de l'onction aussi : rien en ce Capucin, dans la parole et dans l'accent, ne vient démentir l'idée que nous avons de la douceur sacerdotale : le P. Constant n'est pas un Bridaine. Il exhorte plutôt ses auditeurs, s'adresse à leur conscience et à leur justice, faisant de sincères efforts pour les persuader et les convertir.

« Sa retraite pour les dames — pour les dames mariées exclusivement — l'a mis en présence de nombreuses pénitentes. Chaque jour, pendant toute la semaine dernière, il a versé les rayons de la vertu surnaturelle sur ces têtes qui, le mois dernier encore, apparaissaient dans le tourbillon mondain pleines de rire, d'élégance, de vanité charmante et d'importance heureuse. Il leur a dit le néant de toutes ces choses, la fragilité de tous les objets auxquels s'attache leur ambition mondaine et futile. Oh ! gros et petits, tous leurs péchés ont eu vilain jeu la semaine dernière : il leur a dit leurs petites vérités, le bon Père, avec une éloquence impérieuse et pressante, en même temps qu'elle s'est répandue en exhortations affectueuses et douces pour conduire à Dieu ces âmes qu'il a prises en garde. Censeur, oui, mais censeur d'une distinction parfaite. Et au souffle onctueux de sa parole, l'assemblée des pénitentes a ondulé : signe d'un profond remuement des consciences. »

Cette citation, toutes ces lettres apportées ici, paraîtront trop longues, prolixes même, à quelques-uns de nos lecteurs. Quelques mots suffiraient pour les résumer. Mais n'était-il pas nécessaire pour bien se rendre compte de l'action du missionnaire Capucin en Orient, de la voir interprétée par les Orientaux eux-mêmes ? En cette cause ils sont les meilleurs juges. Leur témoignage justifie l'exposé que nous avons donné plus haut et en garantit la sincérité.

Comme dernière et indiscutable garantie, nous citerons, en terminant, la parole du représentant de la France en ces contrées :

Le supérieur des Capucins du district de Lyon était allé en Arménie faire la visite des missions confiées à ses religieux. En repassant par Beyrouth, il voulut remercier le consul français de la protection qu'il accordait à ces missions. « C'est à moi de vous remercier, répondit celui-ci, car si la France est quelque chose en Orient, elle le doit surtout à ses missionnaires. »

CHAPITRE VII

Les Capucins et la science

Nous n'insisterons point sur les trois premiers siècles
de l'Ordre franciscain. Nous dirons seulement que
durant toute la fin du moyen âge, la science philoso-
phique et théologique se résume dans les deux écoles
rivales, l'école franciscaine et l'école thomiste. La première, avec Alexandre de Halès, un des plus célèbres
docteurs de l'Université de Paris, est la véritable créa-
trice de la scholastique, elle lui a imposé son manuel,
le *Livre des Sentences* de Pierre Lombard, elle lui a
donné sa méthode et ses procédés dialectiques. Tandis
que l'école dominicaine, avec saint Thomas, a innové
sur beaucoup de points en philosophie et en théologie,
l'école franciscaine, avec saint Bonaventure et Duns
Scot, s'est faite plus spécialement la gardienne des
anciennes doctrines de l'Université de Paris; et par là
elle mérite vraiment le titre d'école française. Les découvertes modernes sont venues confirmer plusieurs
de ses thèses scientifiques.

Les Franciscains sont les premiers et à peu près les

seuls au moyen âge, qui aient cultivé avec succès les
sciences physiques, chimiques, astronomiques et natu-
relles. Le nom de Roger Bacon est assez célèbre, de
Humboldt n'a pas craint de l'appeler *la plus grande
apparition du moyen âge*. La tradition scientifique s'est
perpétuée, après la mort du moine anglais, dans la personne du non moins célèbre Raymond Lulle, autre
Franciscain espagnol, et de Berthold Schwartz, cordelier
allemand.

Ce qui distingue ces savants, c'est le caractère
pratique de leurs découvertes, que les inventions
modernes n'ont pu faire oublier. Le nom de Raymond Lulle revient souvent dans les traités clas-
siques. Roger Bacon s'est révélé comme le prophète de
toutes nos découvertes modernes. Qui ne connaît le
fameux passage de son *Opus majus*? « On peut construire pour les besoins de la navigation, dit-il, des
machines telles que les plus grands vaisseaux dirigés
par un seul homme parcourront les fleuves et les mers
avec plus de rapidité que s'ils étaient remplis de ra-
meurs. On peut aussi faire des chars qui, sans attelages,
courront avec une incommensurable vitesse. Il est
possible de créer un appareil au milieu duquel un
homme assis et faisant mouvoir des ailes artificielles,
voyagerait comme un oiseau dans les airs. Un instrument long de trois doigts et large d'autant suffirait pour
soulever d'énormes fardeaux, etc., etc. »
Le même Roger Bacon a composé son principal ouvrage, l'*Opus majus* déjà cité, pour persuader aux
princes et aux prélats que le moyen le plus pratique
d'amener les peuples barbares à la foi et à la civilisation
chrétienne, était d'aller à eux avec le prestige de la
science et des inventions utiles. L'expérience a prouvé
la justesse de ses prévisions. Lui-même se mit à

l'œuvre, fit de nombreuses inventions. Il dispute à un autre moine, son frère en religion, le Cordelier allemand Schwartz, déjà cité, la gloire d'avoir inventé la poudre et les armes à feu (1).

Venons-en aux Capucins, ce rameau le plus jeune et non le moins vigoureux de l'arbre franciscain Ils ont cultivé à la fois toutes les branches de la science religieuse et profane. Nous ne donnerons que des aperçus, nous ne pouvons songer à citer même des noms.

Les ouvrages de théologie, d'Écriture sainte et de spiritualité, écrits par des Capucins, sont très nombreux. De tous les manuels théologiques composés au XVIIIe siècle, il n'y en a plus qu'un seul qui soit encore en usage dans les écoles; c'est la théologie du P. Thomas de Charmes, un Capucin.

En ascétisme, les livres du P. d'Argentan, sur les *Grandeurs de Dieu,* les *Grandeurs de Jésus Christ,* les *Grandeurs de la très sainte Vierge,* sont dans toutes les mains. Il en est de même du traité de la *Paix intérieure* du P. Ambroise de Lombez. Aucun commentateur n'a surpassé le P. Bernardin de Picquigny dans l'*Explication des épîtres de saint Paul.*

Se rendant compte de l'importance des langues et des antiquités orientales pour l'intelligence des livres hébraïques et de l'Écriture sainte, les Capucins fondèrent vers 1760, à Paris, l'*Académie clémentine* ou *Société des Études orientales.* Ils eurent les encouragements du pape et du roi. Ils se mirent à l'étude des diverses langues orientales; et, à la lumière de ces connaissances

1. « Schwartz (Berthold), moine allemand qui a passé pour l'inventeur de la poudre à canon, mais à qui l'on doit réellement la grosse artillerie, qu'il fit connaître aux Vénitiens en 1380. » *Dictionnaire encyclopédique. Petit Larive et Fleury.*

linguistiques, abordèrent l'étude du texte sacré. Dans l'espace de trente ans, ils publièrent une trentaine de volumes sur l'Écriture sainte et les langues orientales. Quand arriva la Révolution, ils avaient préparé les matériaux pour la publication d'un grand dictionnaire arménien. Ils espéraient même que l'Assemblée nationale leur aurait voté les fonds nécessaires pour cette œuvre importante.

D'après les listes très incomplètes de Denis de Gênes, dressées en 1695, les Capucins comptaient déjà environ nuit cents auteurs. Or, sur ce nombre, deux cent cinquante étaient français. Cependant les Capucins n avaient pénétré au delà des Alpes que cent vingt ans auparavant.

Nous pouvons, par un exemple, donner une idée de leur fécondité littéraire. Prenons au hasard la oibliographie de l'un d'eux, le P. Zacharie de Lisieux, mort en 1661. Voici le titre et la date de ses ouvrages :

Satyrica, ouvrage en vers latins publié sous le nom ae *Petrus Firminianus* et comprenant les trois titres suivants :

Gyges Gallus;

Somnia sapientis;

Sæculi genius, 1657, ouvrage important, traduit en français, et approuvé par l'Université de Paris;

La Monarchie du Verbe incarné ou de la puissance des rois, 1642;

Philosophie chrétienne, 1637;

La Monarchie du Verbe incarné ou de la justice et oonté du plus grand des rois, 1666;

Christus patiens seu tota Pauli scientia, 1661;

Silva Sacrorum, 1662;

Relation du pays de Jansénie, 1660.

Quelques-uns de ces ouvrages sont assez considérables par l'étendue et furent très estimés en leur temps.

Sur l'histoire et la géographie les Capucins ont laissé un grand nombre de livres originaux très appréciés et aujourd'hui encore consultés par les savants.

En ce qui regarde la France nous pouvons citer plusieurs ouvrages concernant l'histoire locale. Le Capucin Dunand est un de ceux qui ont le plus fait pour l'histoire du duché de Bourgogne. Ses travaux sont restés manuscrits, si l'on excepte une dissertation sur Henri fondateur du royaume de Portugal. Mais ils ont été mis à contribution par tous ceux qui ont écrit sur la Bourgogne. Ce Père fut aumônier de l'état-major de la place de Besançon, et il fut le correspondant et l'ami de Grandidier.

Le P. Benoît de Toul peut être nommé le père de l'histoire de la Lorraine.

Ce fut un prodige de travail et d'érudition, que le P. Ignace d'Arras, le compilateur de l'histoire de Flandre et d'Artois. La bibliothèque de cette ville possède trente-six volumes in-folio renfermant vingt-six mille pages écrites de sa main, et huit cents plaquettes imprimées. Tous ces travaux sont encore très étudiés aujourd'hui. En voici la liste (1) :

La bibliothèque d'Arras possède trente-six volumes du P. Ignace, capucin d'Arras.

1° Mémoire pour servir à l'histoire du Parlement de Flandre, séant à Douai; 3 vol. in-folio.

---

1. Nous devons cette liste des ouvrages imprimés et manuscrits du P. Ignace d'Arras à l'aimable obligeance de M. Wicquot, bibliothécaire de la ville d'Arras. Nous lui exprimons ici toute notre reconnaissance.

Composé de factums, manuscrits et imprimés. Les imprimés sont en plus grand nombre.

Nombre des pièces manuscrites, 44; imprimées, 126; 1er vol., 458 f.; 2e vol., 539; 3e vol., 432.

2° Recueil de pièces concernant le diocèse d'Arras.

Huit volumes in-folio. — Une grande partie est imprimée. — (Quelques volumes où l'écriture est différente), xviiie siècle.

3° Supplément aux additions, mémoires et recueils concernant le diocèse d'Arras. 2 vol. in-folio, imprimés et manuscrits, différentes écritures.

4° Addition aux mémoires et recueils concernant le diocèse d'Arras. 8 vol. in-folio (manuscrits et imprimés).

5° Mémoire du diocèse d'Arras avec un supplément. 9 vol. in-folio, tous de la même écriture, celle du P. Ignace.

6° Table pour les Mémoires, recueil et dictionnaires.

7° Dictionnaire par ordre alphabétique du diocèse d'Arras y compris le supplément. 5 vol. in-folio. Même écriture, celle du P. Ignace.

Non moins infatigable apparaît le P. Justin de Monteux, l'historien du comtat d'Avignon. Son travail est si considérable que Barjavel ne peut croire que ce soit l'œuvre d'un seul homme.

A l'autre extrémité de la France, le P. François-Marie de Belle-Isle a composé l'histoire de cette île célèbre, sa patrie.

Noël Taillepied a écrit les *Antiquités de la ville de Rouen*, les *Antiquités et curiosités de la ville de Pontoise* et un ouvrage considérable sur la Gaule ancienne : *Histoire des druides et de la Gaule depuis le déluge jusqu'à Jésus-Christ*.

Nous ne pouvons citer tous les travaux; mais il n'est guère de province en France sur laquelle les Capucins n'aient composé quelque ouvrage.

Ils ont également écrit sur les pays étrangers, spécialement sur ceux qu'ils ont évangélisés. Citons quelques noms encore :

Voyage en Perse, par le P. Pacifique de Provins, Paris, 1631;

Lettre sur l'étrange mort du grand Turc, empereur de Constantinople, par le même. Paris, 1622;

État de la Perse, en 1660, par le P. Raphaël du Mans;

Descriptio Persiæ, par le même, 1684;

Théâtre de la Turquie, par le P. Jean-Baptiste de Saint-Aignan.

L'état présent de la Turquie, par le même.

Relations nouvelles du Levant ou traités de la religion, du gouvernement et des coutumes des Perses, des Arméniens et des Saures, par le P. Gabriel de Chinon.

Annales de la Mission de Constantinople, 12 vol. manuscrits, par le P. Furcy de Péronne.

Ils ont écrit sur le Canada (le P. Ignace de Senlis), le Brésil, le Maroc, la Tunisie, l'Abyssinie, le Cap Vert (Alexis de Saint-Lô), le Congo, et les divers pays de l'ancien et du nouveau monde.

En 1611, quatre Capucins accompagnèrent Razilly vers le Brésil, pour y fonder la colonie du Maranhao. L'un d'eux, le P. Yves d'Evreux, a fait la description de ce pays dans « un des plus beaux monuments de la vieille langue française des xvi⁰ et xvii⁰ siècles ». Quand la politique jugea bon d'abandonner la colonie, elle voulut aussi détruire le livre du P. Yves. Razilly, dans sa douleur, en recueillit quelques feuilles échappées au pilon, et les présenta au roi, disant: « Sire, lisez, et voyez de quelle belle colonie la politique vous a privé ! » Deux ou trois exemplaires sont seuls restés de ce livre.

En Afrique, les Capucins ont évangélisé, dès le début du xviii⁰ siècle, le centre de l'Afrique et dressé des cartes (1) de cette région ou l'on voit les fleuves et les

1. Une de ces cartes se trouve à la bibliothèque de Dijon. C'est

grands lacs à leur place exacte, reconnue au XIXe siècle. Ils avaient pénétré jusqu'au milieu des tribus anthropophages et commencé l'œuvre de leur civilisation. Mais la ruine de cet Ordre, en 1790, amena la ruine de leurs œuvres ; et la nuit de l'ignorance et de la barbarie, de nouveau étendit ses voiles sur le noir continent.

Les Capucins semblent avoir eu une prédilection marquée pour l'étude des sciences et les travaux d'érudition. On trouve dans la correspondance de Peiresc avec les Capucins au commencement du XVIIe siècle, un tableau très suggestif de l'activité scientifique déployée à cette époque par leurs missionnaires à l'étranger. Deux de ces missionnaires, les PP. Agathange de Vendôme et Cassien de Nantes se distinguèrent comme habiles astronomes. Voici une lettre de Peiresc au P. Agathange, qui expose un des résultats de leurs observations :

« Nous avons fait voir le fruit qui s'est tiré de votre observation de l'éclipse du 28 août (1635), jointe à celle du P. Michel-Ange de Nantes, faite à Alep en même temps, où il y a de quoi faire admirer les conséquences inespérées qui s'en colligent, et les moyens de corriger toutes les cartes marines, et de rendre raison des inconvénients que trouvaient tous les meilleurs mariniers en leur route et navigation du Levant, où ils étaient contraints de se donner un quart de vue à la gauche de Malte en Candie et deux quarts de Candie en Chypre, et autant au retour, toujours à la gauche, sans comprendre pourquoi. Ce qui se découvre maintenant fort clairement par le discours et la figure que vous en trouverez ci-jointe. »

une sphère ou globe monumental exécuté par le P. Louis-Marie d'Auxonne, en 1720. — Le premier plan d'Athènes moderne a été dressé par les Capucins ; il est conservé à la Bibliothèque nationale.

Ces observations permirent, en un mot, de corriger les cartes géographiques, d'assigner une route exacte aux mariniers et d'abréger ainsi d'un bon tiers le trajet de Marseille en Palestine. C'est Peiresc qui expose ces résultats dans une autre lettre.

Dans les conseils qu'il donne aux missionnaires, le même P. Agathange, se faisant l'écho des idées émises au XIIIe siècle par Roger Bacon, veut qu'on aille vers ces peuples non chrétiens avec les armes de la vraie science : « Quasi tous les Pères, dit-il, qui viennent ici, apportent avec soi des choses inutiles et ne pensent point à ce qui ferait plus de besoin. Ils se sont chargés de sermonnaires, de marteaux, tenailles, ciseaux, couteaux, alènes, images et autres fatras dont nous pourrions lever boutique. » Il veut que le missionnaire vienne armé de science et chargé de livres. Il fut un temps, où les Capucins allant en mission, faisaient un séjour auprès du célèbre Gassendi et s'arrêtaient chez Peiresc en Provence, afin d'apprendre l'usage des instruments astronomiques nécessaires pour la détermination du point géographique et l'observation des éclipses.

Ces travaux n'écartaient point le missionnaire du but principal de son apostolat. Peiresc disait des PP. Agathange et Cassien : « Mais ils sont là (en Orient) pour y chercher des travaux et des martyres. » De fait, leur zèle si extraordinaire pour la science ne les empêcha point d'être martyrs l'un et l'autre ; et l'Église se prépare tout prochainement à les placer sur ses autels.

Le P. Agathange n'était point une exception, comme on pourrait le croire. Tous les Capucins dispersés dans les Missions, par le monde entier, et spécialement dans l'empire turc, brûlaient du même enthousiasme pour les travaux scientifiques. Nous allons, à titre de preuve et de documents, donner une liste très incomplète des ouvrages composés en moins de cinquante ans par ces missionnaires d'Orient :

Un traité de la réforme du calendrier, en arabe.

Dictionnaire turc, par le P. Bernard de Paris.

Vocabulaire arabe-italien, par le même.

Deux livres en arabe, par le P. Brice de Rennes.

Abrégé de la doctrine chrétienne en grec, par le P. Paul de Lagny.

Imitation de Jésus-Christ en grec, par le même.

Exposé de la doctrine chrétienne en éthiopien, par le P. Cassien de Nantes.

Version arabe de la Bible, par les Pères du couven d'Alep, 1633.

Les grandeurs de Jésus-Christ, par le P. d'Argentan, *traduites en arabe,* par le P. Joseph de Reuilly.

Annales de Baronius, traduites en arabe, par le P. Brice de Rennes.

Dictionnaire persan vulgaire, par le P. Gabriel de Paris.

Traduction du livre de Judith en persan, par le même.

Trois exposés de la doctrine chrétienne en persan, par le même.

Vie des douze apôtres en persan, par le même.

Vie du Sauveur du monde en persan, par le même.

Dictionnaire grec de Scapula, traduit en persan, par le P. Blaise de Nantes.

Traité de l'incarnation du Verbe, en arabe, par le P. Bonaventure de Lude.

Grammaire turque et persane, par le P. Jean-Baptiste de Lahe.

Nouveau dictionnaire en arabe, par le P. Elzéar de Samsaye.

Nouveau dictionnaire turc, par le même.

Grammaires et autres traités en ces deux langues, par le même.

La liste est loin d'être achevée. *La France catholique en Orient* cite beaucoup d'autres noms, et ce livre reste lui-même très incomplet.

A ces ouvrages composés plus spécialement pour l'usage des missionnaires ou des Orientaux, les Capucins en ajoutèrent de non moins précieux destinés à révéler au monde chrétien ces pays encore si peu connus. Nous avons cité quelques-uns de ces travaux au paragraphe consacré aux historiens et géographes.

Cette ardeur et ces succès des Capucins dans les sciences, décidèrent nos rois à leur confier, de préférence à tous les autres religieux, l'école des *Jeunes de langues* à Constantinople et à Smyrne. Là, vinrent se former pendant cent trente ans, jusqu'en 1790, les drogmans pour le service des consulats. Ça été l'origine de l'*École des langues orientales.* Le célèbre orientaliste Renaudot disait au xviiie siècle des maîtres de cette école : « Ils méritent d'être loués pour le soin qu'ils ont pris de l'instruction de leurs élèves et de leurs mœurs. »

Passons aux travaux plus strictement scientifiques :

Le P. Gilles de Loches, un missionnaire d'Éthiopie, avait formé le projet d'établir une imprimerie en Abyssinie. Il fabriqua lui-même des caractères, des poinçons, des figures en taille-douce et beaucoup d'autres « gentillesses », dit Peiresc, non pratiquées avant lui. Il avait inventé un système d'imprimerie très simple et très facile pour les lettres orientales. — Dans le même temps, le P. Joseph, l'Éminence grise, faisait des démarches pour fonder une imprimerie dans le Liban, avec une école de hautes études. Les Capucins avaient rêvé d'établir en ces pays les œuvres qu'on a vu fleurir à la fin du xix⁰ siècle.

Le P. Chérubin d'Orléans a écrit plusieurs livres de mathématiques, entre autres son traité de *Dioptrique. Il est l'inventeur des jumelles.*

Le P. Valérius Magnus, en même temps que Torricelli, a inventé le baromètre.

En 1700, le P. Marie de Paris imagine un photomètre basé sur l'absorption de la lumière par les corps transparents. D'autres savants, au commencement du xix⁰ siècle, ont rajeuni cette ingénieuse invention.

Le P. Emmanuel de Viviers créa plusieurs instruments, fort appréciés de son temps, pour les observations topographiques, microscopiques et astronomiques (1).

Le P. Meliton de Perpignan mérita de siéger dans plusieurs académies à cause de ses travaux astronomiques.

A la fin du xviii⁰ siècle se distingua le P. Chrysologue de Gy. Plusieurs fois l'Académie des sciences de Paris signala ses travaux avec éloge. Il a dessiné *deux planisphères* célestes avec un *Abrégé d'astronomie pour l'usage de ces planisphères.* Elles furent très appréciées par des savants comme Cassini, Le Monnier, de Thury et Puigné. On lui doit une *Mappemonde* projetée sur l'horizon de Paris avec une *Description* de la même.

---

1. On a de lui : *Recueil de mémoires curieux*, Paris 1725; *Calendrier perpétuel*, Toulouse, 1728; *Cadran astronomique*, Toulouse, 1737; *Calendarii varii.*

Les Capucins semblent avoir eu la spécialité des cadrans solaires et astronomiques. On en montre encore de très curieux dans leurs anciens couvents, et beaucoup de ceux qui décorent les tours de nos vieilles cités ont été construits par des Capucins. Parmi les plus beaux, on peut citer celui d'Annecy, admiré de tous les voyageurs. Il est l'œuvre du Fr. Arsène, Capucin d'Annecy.

ll indiqua un perfectionnement à apporter au baromètre portatif destiné au nivellement. En 1806 il publia *La théorie de la surface de la terre*. C'est un des premiers livres de géologie et il est très remarquable pour son temps. Cuvier, Haüy et Lelièvre en ont fait les plus grands éloges.

Le P. Tiburce de Jussey réunit au couvent de Besançon un musée de géologie fort remarquable. Il a servi à fonder le musée actuel de cette ville.

Le P. Prudent de Faucogney remporta plusieurs prix à l'académie de Besançon. En 1776 il obtint celui d'éloquence par l'éloge de Nicolas Perrenot, chancelier de Charles-Quint. L'année suivante il en obtint deux : le prix d'histoire pour une notice sur les monuments romains de Franche-Comté, et le prix d'agriculture pour une dissertation sur les causes d'une maladie qui affligeait plusieurs vignobles de la contrée. Cette dissertation a été attaquée par une mordante satire ; cependant elle n'est pas sans valeur ; elle est citée avec éloge dans le *Théâtre d'agriculture* d'Olivier de Serre en 1804. Ce même Père a publié en outre une *Vie de sainte Claire*, et laissé de nombreux manuscrits.

Parmi les dictionnaires bretons, deux jouissent d'une spéciale faveur auprès des savants, celui de Legonidec et celui du P. Grégoire de Rostrenen. Ce dernier, composé par un Capucin, a été plusieurs fois réédité.

Au XIX° siècle, après leur pénible rétablissement, et dès qu'il leur a été permis de respirer en paix dans leurs couvents, les Capucins ont tenu à reprendre et continuer les travaux littéraires de leurs devanciers.

En 1884, ils éditent la magnifique *Vie illustrée de saint François d'Assise*, un des plus beaux ouvrages artistiques du siècle.

Le P. Marie-Antoine de Porrentruy, qui eut l'initiative de cette entreprise importante, a complété son œuvre par la création d'un musée franciscain déjà riche en collections de toutes sortes.

Depuis lors les Capucins de France n'ont cessé de produire des ouvrages en tous genres. Nous avons parlé des travaux de nos missionnaires. Citons d'autres publications en divers genres :

Compendium philosophiæ, par le P. Georges de Villefranche.

Theologia dogmatica, par le P. Hilaire de Paris, 1870.

Theologia moralis, par le P. Timothée de Puyloubier. Le premier volume a paru, les autres sont prêts à l'impression.

Divers travaux sur la *Théologie dogmatique et saint Bonaventure*, par le P. Evangéliste de Saint-Béat.

Des études sur l'*Écriture sainte* dans ses rapports avec la science (1), par le P. Laurent d'Aoste, membre de plusieurs académies.

Une étude très approfondie sur la *Scholastique et les Traditions franciscaines*, par le P. Prosper de Martigné.

Le P. Exupère de Prats-de-Mollo a une bibliographie très étendue. On pourrait citer à son nom plus de vingt-cinq ouvrages ou opuscules différents. On l'a rangé au nombre des principaux mystiques du XIXe siècle.

Le P. Léon de Nantes a publié une trentaine de brochures ou discours de circonstances.

Le P. Apollinaire de Valence s'est attaché à l'histoire franciscaine. Il a fouillé la plupart des archives publiques de France. Il a publié des *Études franciscaines sur la*

---

1. Voici le titre exact : *Étude géologique et scripturaire sur la cosmogonie de Moïse.*

Le même a encore publié : *Traité élémentaire de géologie, Les Ombres de Descartes, Kant et Jouffroy à M. Cousin, Conférences ecclésiastiques,* etc.

Révolution pour une vingtaine de départements. Plusieurs autres non publiées sont prêtes à paraître. Le nombre de volumes ou brochures dus à sa plume s'élève à quarante-cinq et plus.

Les vies de Saints ou de Bienheureux, composées par les Capucins, sont trop nombreuses pour qu'on puisse en faire le dénombrement. Disons simplement qu'ils poursuivent depuis trois ans la publication d'une bibliothèque franciscaine, vies de saints et ouvrages d'ascétisme, à six volumes par an.

En ce genre de travaux hagiographiques, le P. Léopold de Chérancé s'est fait un nom parmi les meilleurs écrivains populaires du siècle dernier. Dans le même genre, mais avec plus de variété, travaille le P. Edouard d'Alençon, archiviste général des Capucins. Il dirige encore les *Analecta FF. MM. Capuccinorum*, œuvre de haute valeur documentaire. Le P. Pie de Langogne, consulteur du Saint-Office, a composé plusieurs ouvrages et des articles de revue fort remarqués.

Les études purement scientifiques, la poursuite des nouvelles inventions n'ont pas été non plus entièrement négligées. Nous avons rappelé les ouvrages géologiques et cosmogoniques du P. Laurent d'Aoste. Nous devons signaler les ingénieux appareils construits par le P. Julien de Mamers, une ruche nouvelle, dite la *capucine*, qui a mérité à son auteur d'être nommé président de la Société d'apiculture d'Anjou. Le même Père a inventé aussi un des premiers appareils pour produire l'acétylène avec le carbure de calcium. Tout jeune religieux, il partit missionnaire chez les Gallas; nouveau Parmentier, il introduisit dans ce pays la pomme de terre et divers légumes européens.

Un autre Capucin, un frère lai de Savoie, le Fr. Isidore d'Arbin, a réalisé aussi plusieurs inventions utiles : un nouveau modèle de lessiveuse mécanique; une nouvelle pile électrique absolument constante et très économique; une nouvelle pompe rotative d'une grande puissance. Le premier modèle du porte-plume à réservoir d'encre a été conçu et réalisé par un autre Capucin de la même province, le Fr. Candide de Magland.

Ces quelques documents suffisent pour montrer que les Capucins ne restent pas étrangers au mouvement intellectuel qui s'agite autour d'eux. En 1806 paraissait une bibliographie franciscaine enregistrant les noms de 3.683 auteurs échelonnés dans l'espace de cinq siècles et demi. Parmi ces auteurs, les Capucins français occupent une place importante par le nombre et la valeur de leurs productions.

Pour ce qui concerne les Capucins français modernes, il nous suffira de relever le nombre des publications sorties de leur plume depuis 1890. Ce nombre s'élève à plus de 350, sans compter douze périodiques mensuels. Parmi ces périodiques, il convient de citer une grande Revue théologique, scientifique et littéraire, les *Études franciscaines*.

Au nombre des ouvrages les plus considérables, outre ceux que nous avons déjà donnés, on peut citer :

Essais sur la Primauté de Jésus-Christ, par le P. Jean-Baptiste de Petit-Bornand, ouvrage traduit en latin par les Espagnols. Paris 1900 et Barcelone 1902, pour l'édition latine.

Les trois France, par le P. Ubald de Chanday.

La Pauvreté, sa mission sociale dans le monde, par le P. Exupère de Prats-de-Mollo, Paris 1867 et 1899.

Histoire de la latinité à Constantinople, par le P. Arsène de Chatel-Montagne, Paris 1894.

Un grand nombre de brochures du P. René de Nantes.

Les Frères Mineurs à l'Université d'Angers, par le P. Ubald d'Alençon, Angers 1901.

Nécrologe et Annales biographiques des Frères Mineurs Capucins de la province de Savoie (1611-1902), par le P. Eugène de Bellevaux, Paris 1902.

Le bienheureux Bernardin de Feltre et son œuvre, par le P. Ludovic de Besse, 1902. Ce dernier ouvrage a été fort remarqué et apprécié spécialement à cause des aperçus qu'il contient sur le développement des doctrines économiques au sein de l'Église catholique.

Les missionnaires Capucins français à l'étranger ne se sont pas montrés moins actifs, sous le rapport des travaux intellectuels, que leurs frères restés en France.

Tantôt ils se livrent à des recherches et observations scientifiques. Au Liban, dans leur maison où les jeunes missionnaires viennent achever leurs études préparatoires à l'apostolat, ils sont en correspondance avec le bureau central de Paris pour les observations météorologiques. Et sur la proposition de ce bureau, M. le Ministre de l'Instruction publique leur a décerné une médaille de bronze, en récompense des services rendus en 1902.

Tantôt par leurs études des lieux, des situations, des peuples, ils appellent sur les pays propres au commerce ou à la colonisation, l'attention des pouvoirs publics.

En 1863, pendant son séjour à la mission d'Aden, sur l'ordre de son supérieur, le P. Dominique, le P. Exupère de Prats-de-Mollo fit un long rapport au Gouvernement, sur la nécessité pour la France de s'établir à Obock.

Ce rapport resta quelque temps dans les cartons du

Ministère; mais il avait frappé l'attention des hommes compétents.

Plus tard, quand on voulut faire de la politique coloniale, on se servit, dans les journaux ministériels, de ce rapport et de l'autorité du missionnaire pour préparer l'opinion, pour faire agréer l'établissement de la colonie et pour diriger de ce côté l'activité de nos commerçants et industriels.

Le fondateur de la Mission abyssine des Galla, Mgr Massaja, capucin italien de naissance, mais français par le cœur, a composé la première grammaire et le premier vocabulaire galla. Ce travail fut imprimé à Paris aux frais du Gouvernement français.

Un autre missionnaire, le P. Martial de Salviac, a publié tout récemment la première étude importante sur la célèbre nation des Galla. Cet ouvrage vient d'être couronné par l'Académie.

On peut citer encore divers articles historico-scientifiques sur les Indes, l'Asie Mineure, le Canada et les nombreux pays où nos religieux ont leurs Missions. Enfin, un autre ouvrage tout récent: *La France catholique en Orient*, raconte l'action des missionnaires français dans le Levant pendant les trois derniers siècles et la fondation des cinq Églises orientales unies, si fidèles à Rome et à la France.

Non moins intéressant est le livre du P. Alexis de Barbezieux, sur le Canada : *Histoire de la province ecclésiastique de la vallée d'Ottawa et sa colonisation*, et celui du P. Désiré des Planches, intitulé : *L'Orient*.

Le P. Evangéliste de Larajasse a publié en 1900 une grammaire et un dictionnaire en somali. Un autre Père vient d'éditer un important travail sur la langue des Mics-Macs, indiens du Canada.

TABLE DES MATIÈRES

CHAPITRE PREMIER

Établissement des Capucins en France.

CHAPITRE II

Rétablissement des Capucins en France.

CHAPITRE III

Les Capucins auxiliaires du clergé séculier.

CHAPITRE IV

Les Capucins et les œuvres d'assistance.

1° *Les Capucins en temps d'épidémie.*

2° *Œuvres d'assistance tenues par les Capucins.*

3° *Les Capucins aumôniers de l'armée.*

4° *Les Capucins et les œuvres sociales.*

CHAPITRE V

Les Capucins missionnaires à l'étranger.

CHAPITRE VI

La Mission des Capucins chez les Galla en Abyssinie.

CHAPITRE VII

La France en Orient et les Capucins.

CHAPITRE VIII

Les Capucins et la Science.

TRAVAUX THÉOLOGIQUES DES CAPUCINS AVANT LA RÉVOLUTION.

TRAVAUX HISTORIQUES ET GÉOGRAPHIQUES DES CAPUCINS
AVANT LA RÉVOLUTION.

TRAVAUX SCIENTIFIQUES ET PHILOLOGIQUES DES CAPUCINS
AVANT LA RÉVOLUTION.

Ouvrages composés par les Capucins après la Révolution.

Paris. — J. Mersch, imp., 4 *bis*, av. de Châtillon.

www.ingramcontent.com/pod-product-compliance
Ingram Content Group UK Ltd.
Pitfield, Milton Keynes, MK11 3LW, UK
UKHW021728090726
13657UKWH00002B/573